DAS GROSSE HERDER

BILDER
LEXIKON

Wir danken unseren Testleserinnen und -lesern:
Emma, Moritz, Pascal, Pia, Benjamin, Hanna und Felix

2. Auflage 2022
Aktualisierte Neuausgabe 2015

© Verlag Herder GmbH, Freiburg im Breisgau 2004
Alle Rechte vorbehalten
www.herder.de

Gesamtprojektleitung: Retting Consulting, München
Layout und Satz: agenten und freunde, München in Zusammenarbeit
mit w&co mediaservices, München; Melanie Rhauderwiek, Saterland
Umschlaggestaltung: Network!, München; Veronika Preisler, München
Redaktion: Sybille Siegmund, Cornelius Retting
Texte: Cornelius Retting
Texte Lexikon von A bis Z: Gerd Hintermaier, Manfred Schmeing
Textlektorat: Martin Stiefenhofer, Melanie Rhauderwiek
Fachgutachten: Gerd Hintermaier, Manfred Schmeing

Illustrationen:
Cinzia Antinori, Milan Illustrations Agency: 142/143, 144/145, 146/147, 148/149
Andrea Bianchi, Milan Illustrations Agency: 12/13, 140/141, 150/151
Johann Brandstetter: S. 52/53, 88/89, 90/91, 92/93, 94/95, 102/103, 106/107, 128/129
Lucia Brunelli, Milan Illustrations Agency: S. 152/153, 154/155, 156/157, 158/159, 160/161
Silvia Christoph: S. 96/97, 98/99, 100/101, 104/105, 110/111, 112/113, 114/115, 116/117,
    118/119, 120/121
Sebastian Coenen: S. 66/67, 68/69
Giampietro Costa, Milan Illustrations Agency: S. 18/19, 42/43, 44/45, 58/59, 60/61, 62/63
    (Abb. 1, 2, 3, 4, 5, 6, 7, 13, 14, 17, 18, 19, 22, 23, 25, 26, 27, 28, 29, 30), 64/65 (Abb. 1, 2, 3,
    4, 5, 6, 7, 8, 9, 10, 12, 13, 15, 17, 18, 19), 70/71, 72/73, 74/75, 76/77, 78/79
Thomas Epha: S. 10/11, 136/137
Iris Hardt: S. 50
Tanja Husmann: S. 22/23
Alexander Jung: S. 32
Peter Klaucke: S. 26,28/29, 30/31, 33, 34/35, 40/41
Hauke Kock: S. 82/83, 124/125, 130/131, 132/133, 134/135
Yousun Koh: S. 46, 54, 55 (Abb. 1), 79 (Abb. 15)
Arno Kolb: S. 47, 48/49, 51, 55, 86/87
Thilo Krapp: S. 84
Angelika Neiser: S. 85
Birgitta Nicolas: S. 36/37
Lorenzo Orlandi, Milan Illustrations Agency: S. 164/165, 166/167, 168/169, 170/171,
    172/173, 174/175, 176/177, 178/179, 180/181, 182/183, 184/185, 186/187, 188/189,
    190/191, 192/193, 194/195, 196/197, 198/199
Tobias Pahlke: S. 62/63 (Abb. 8, 9, 10, 11, 12, 15, 16, 20, 21, 24, 31), 64/65 (Abb. 11, 14, 16,
    20, 21)
Andreas Piel: S. 122/123, 126/127
Stefan Richter: S. 8/9, 14/15, 24/25, 38/39
Gertrud Schrör: S. 20/21
Ute Thönissen: S. 16/17, 27
Grafik: grmarc/Shutterstock.com (Vorsatz, Nachsatz)

Druck: PNB Print Ltd
Gedruckt auf umweltfreundlichem, chlorfrei gebleichtem Papier
Printed in Latvia

ISBN 978-3-451-71331-6

DAS GROSSE HERDER

BILDER LEXIKON

Die ganze Welt in mehr
als 600 Bildern

HERDER

FREIBURG · BASEL · WIEN

Inhalt

⇨ verweist auf Begriffe im Lexikon ab Seite 200

Vom täglichen Leben

Die ersten Städte gab es schon vor Tausenden von Jahren im steinzeitlichen Südamerika und bei den Ägyptern. Später bauten die Griechen und Römer Städte wie Athen und Rom. Einige Städte Deutschlands wie Trier waren ursprünglich römische Ansiedlungen. Am Namen der Stadt kann man manchmal erkennen, warum sie gerade dort entstanden ist. Saarbrücken wurde an einer Brücke über die Saar gebaut. Bei Frankfurt konnte man

den Main durch eine Furt überqueren. Andere Städte wie Lüneburg oder Magdeburg entwickelten sich in der Nähe von Burgen. Bremerhaven liegt am Meer und ist eine Hafenstadt. Viele Städte haben einen alten Stadtkern. Manchmal stammen die Häuser noch aus dem Mittelalter. Aber auch wenn später neue Häuser gebaut wurden, kann man an den Straßen und Plätzen oft noch die alte Form der Stadt erkennen. In der Mitte befindet

sich ein Marktplatz mit Kirche und Rathaus. Die Straßen sind eher eng und verwinkelt. Im Lauf der Jahre wurden die Städte immer größer. Hochhäuser entstanden, um den Platz besser auszunutzen, und neue Straßen wurden gebaut. Heute befinden sich im Zentrum einer modernen Großstadt vor allem Geschäfte, Büros und oft ein Bahnhof. Um das Zentrum herum liegen Wohnviertel und am Stadtrand die Industriegebiete und manchmal ein Flughafen oder Hafen. Die Versorgung einer Stadt ist eine schwierige Aufgabe. Geschäfte müssen mit Lebensmitteln und anderen Waren beliefert werden. Die Häuser brauchen Elektrizität, Wasser und Gas. Für das Abwasser ist ein Kanalisationssystem nötig. Den Abfall bringt die Müllabfuhr weg. Öffentliche Verkehrsmittel wie Busse, U-Bahn, Straßenbahn und Eisenbahn sorgen für den Transport der Menschen. ⇨ Stadt

Es gibt verschiedene Formen von Häusern. In den großen Städten sind Häuser oft sehr hoch und haben viele Stockwerke mit einzelnen Wohnungen. Am Stadtrand oder auf dem Land gibt es viele frei stehende Häuser oder Reihenhäuser. Je mehr Menschen in einem Haus oder in einer Wohnung leben, desto mehr Zimmer werden benötigt. Neben den Schlafzimmern gibt es meist ein Wohnzimmer, eine Küche und ein Badezimmer.

Unter dem Dachboden ist oft Stauraum für Dinge, die man nur selten braucht. Im Keller steht meist die Heizanlage, dort gibt es oft auch eine Waschküche, einen Fahrradraum und Abstellräume oder einen Hobbyraum. Unter großen Häusern befindet sich manchmal auch eine Tiefgarage. Wenn das Haus einen Garten hat, kann man einen schönen Sitzplatz im Freien anlegen, Blumen pflanzen oder dort ein Trampolin zum Spielen aufstellen.

Überall auf der Erde leben Menschen in Häusern. Je nach Klima und Baumaterial sehen diese Behausungen aber ganz verschieden aus. **1** Die Inuit in der Arktis bauen Iglus aus Eisblöcken. **2** In Mexiko leben einige Indianervölker in sogenannten Pueblos. Das sind Lehmbauten mit mehreren Stockwerken. **3** Pfahlbauten in Asien, Afrika und Südamerika stehen auf Pfählen im Wasser und sind so vor Ungeziefer und Hochwasser geschützt.

4 Die Trulli in Süditalien sind kreisrund und wurden aus Feldsteinen errichtet. **5** Die Jurten der Mongolen lassen sich leicht zusammenlegen und transportieren. **6** In Hongkong gibt es nur wenig Platz. Deshalb leben viele Menschen auf Hausbooten. **7** In vielen Teilen Afrikas werden die runden Hütten aus Lehm gebaut. **8** Strohhütten in Südamerika haben dünne Wände und sind einfach aufzubauen. ⇨ Haus

Bevor die ersten Städte entstanden, lebten die Menschen auf Höfen oder in Dorfgemeinschaften. Diese Siedlungsform hat sich bis heute erhalten. Dörfer sind viel kleiner als Städte. Sie liegen meist inmitten von Wiesen und Feldern und viele Menschen leben von der Landwirtschaft. Die einzelnen Gebäude des Dorfes sind oft um einen Dorfplatz herum oder entlang einer Straße gruppiert. Viele Dörfer haben eine Kirche, ein Rathaus,

ein kleines Lebensmittelgeschäft, eine Feuerwehr- und Polizeistation und eine Schule. Typisch für Dörfer sind die bäuerlichen Betriebe. Bauern besitzen in der Regel große Höfe mit mehreren Gebäuden. Zu einem Hof gehören **1** das Wohnhaus, **2** eine Scheune, **3** ein Stall und **4** ein Geräteschuppen. Im Stall ist das Vieh untergebracht. Es muss morgens und abends gefüttert werden. Den Mist aus dem Stall verwendet man zum Düngen

der Felder. Landwirtschaftliche Geräte und Fahrzeuge stehen im Geräteschuppen. In der Scheune finden Heu, Stroh, Viehfutter, Feldfrüchte und Dünger ihren Platz. Im Garten können Gemüse und Früchte für den Bedarf der Familie angebaut werden. Viele Bauern haben sich heute spezialisiert. Sie betreiben entweder nur Viehzucht oder pflanzen nur bestimmte Sorten von Feldfrüchten an. Manche Bauern haben einen Hofladen. Dort kann man Waren wie Milch, Eier, Käse, Gemüse und Fleisch besonders frisch einkaufen. In den letzten Jahren haben sich viele Dörfer verändert. Viele Dorfschulen wurden geschlossen und die Kinder fahren mit dem Schulbus in den nächstgrößeren Ort. Oft sind am Dorfrand Neubausiedlungen entstanden. Hier wohnen Menschen, die in der Stadt arbeiten, aber lieber auf dem Land leben, wo es ruhiger und die Luft besser ist. ⇨ Dorf

Alles, was wir für unser tägliches Leben brauchen, können wir in Geschäften kaufen. In kleineren Städten befinden sich die Geschäfte fast alle im Zentrum in einer Einkaufsstraße. Große Städte haben eine Innenstadt mit vielen unterschiedlichen Geschäften. In den einzelnen Stadtvierteln gibt es dann noch weitere kleine Läden. Viele Einkaufsstraßen sind für den Autoverkehr gesperrt. In diesen sogenannten Fußgängerzonen kann man

ungestört bummeln und einkaufen. Für die Autos gibt es Parkhäuser. Große Kaufhäuser haben mehrere Stockwerke. Hier kann man fast alles kaufen: Lebensmittel, Bekleidung, Bücher, Spielzeug, Schmuck, Elektroartikel und Unterhaltungselektronik. Man sucht die Waren selbst aus und bezahlt direkt an der Kasse. Das nennt man Selbstbedienung. Wer einen Rat braucht, kann sich an das Verkaufspersonal wenden. In kleineren

Geschäften wird man manchmal von einer Verkäuferin oder einem Verkäufer persönlich bedient. Im Stadtzentrum gibt es Fachgeschäfte, in denen man die unterschiedlichsten Dinge kaufen kann. Wer vom Einkaufen hungrig geworden ist, kann sich an einem Schnellimbiss oder in einer Bäckerei etwas zu essen kaufen oder in ein Restaurant gehen. Wer Geld braucht, geht zu einer Bank. Dort kann er sich am Bankautomaten Geld von seinem Konto holen. Wer ganz bequem einkaufen möchte, fährt mit dem Auto zu einem der großen Einkaufszentren am Stadtrand. Hier gibt es riesige Supermärkte, in denen man fast alles kaufen kann. Für die Autos ist ein großer Parkplatz vorhanden. Wer Waren und Preise lieber in Ruhe vergleichen möchte, kann auch von zu Hause aus über das Internet einkaufen. Die Waren werden dann wenige Tage später als Paket geliefert. ⇨ Geschäfte

Unser Körper braucht eine regelmäßige und gesunde Ernährung. Dazu gehören Frühstück, Mittagessen und Abendessen. Was man zu den einzelnen Mahlzeiten isst, kann sehr unterschiedlich sein. Wichtig ist, dass die Speisen alle notwendigen Nährstoffe enthalten. Während der Körper wächst, ist eine gute Ernährung besonders wichtig. Wer körperlich arbeitet, braucht eine andere Ernährung als jemand, der viel sitzt. Es gibt sieben Hauptnährstoffe. Kohlenhydrate sind in Zucker, Milch, Kartoffeln und Getreide enthalten. Eiweißlieferanten sind Fisch, Fleisch, Milch, Eier und auch Erbsen. Tierische Fette stecken in Fleisch und Milchprodukten, pflanzliche in Samen, Kernen und Nüssen. Vitamine kommen in Obst, Gemüse und Fisch vor. Mineralstoffe erhalten wir durch Milch, Gemüse und Getreide. Ballaststoffe finden sich in Salat, Obst und Vollkornbrot.

Außerdem brauchen wir ungefähr zwei Liter Wasser am Tag. Alle diese Stoffe sind notwendig, damit unser Körper gesund bleibt. Eine falsche Ernährung kann zu Krankheiten, Übergewicht oder Mangelerscheinungen führen. Süßigkeiten, Hamburger, Bratwürste, Pommes Frites und Limonaden haben kaum Nährstoffe und machen dick. Ungekochte Lebensmittel wie frisches Obst und Gemüse enthalten besonders viele Nährstoffe.

Fleisch und Wurst sollte man in einer ausgewogenen Ernährung nur zwei bis drei Mal in der Woche essen. Es gibt verschiedene Möglichkeiten, das Essen zuzubereiten. **1** Rohkostsalate macht man aus verschiedenen Salatsorten und rohem Gemüse. **2** Gemüsesuppe wird gekocht. **3** Fleisch kann gebraten, geschmort, gegrillt oder gekocht werden. **4** Plätzchen, Brot und viele andere Teigwaren werden im Ofen gebacken. ⇨ Ernährung

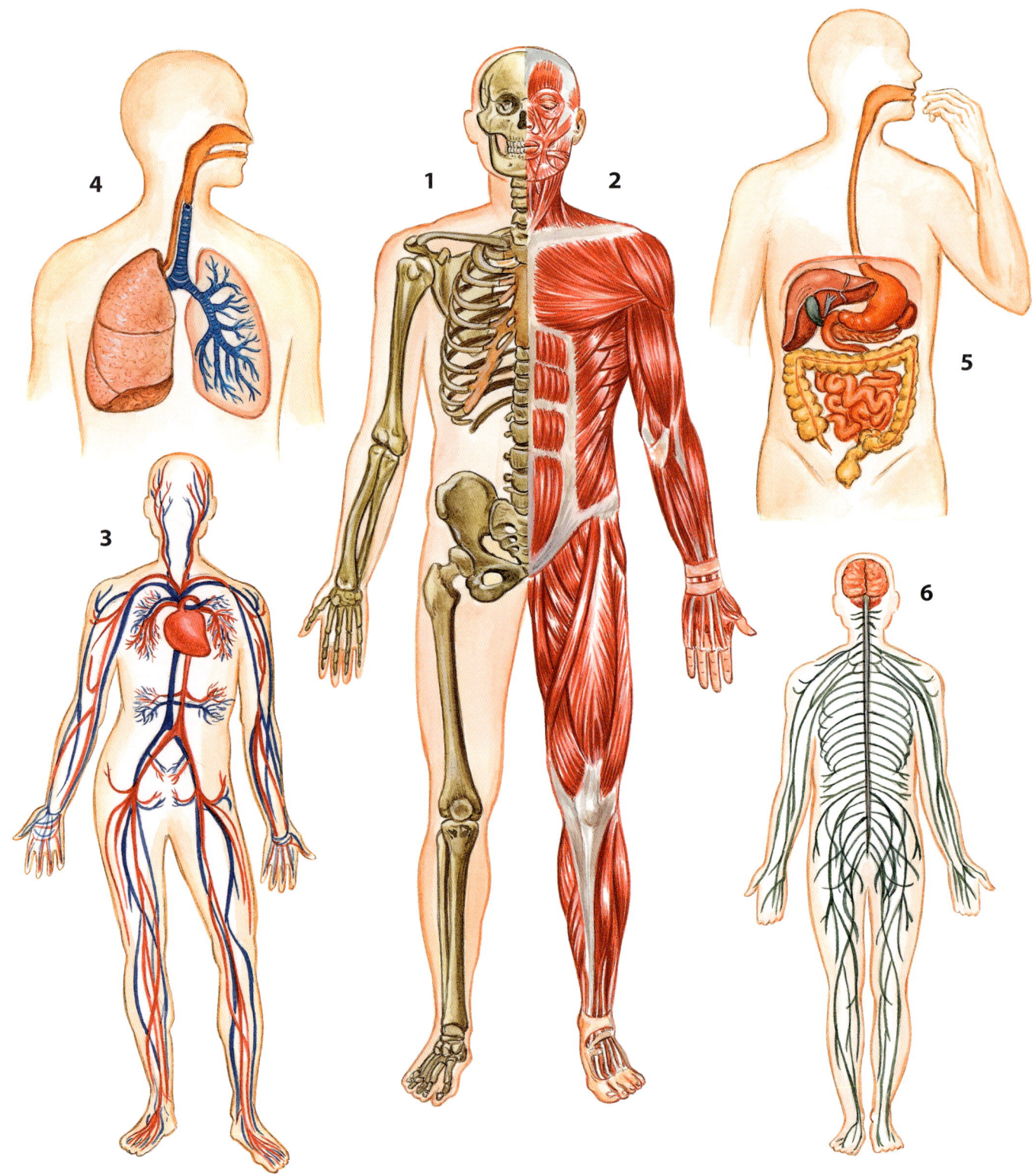

1 Das Skelett des Menschen besteht aus mehr als 200 Knochen, die zum Teil über Gelenke miteinander verbunden sind. 2 Mithilfe von Muskeln wird der Körper bewegt. Sie sind über Sehnen und Bänder mit dem Skelett verbunden. 3 Das Herz pumpt Blut in die Adern, die durch den ganzen Körper laufen. Das Blut versorgt über den Kreislauf alle Organe und Muskeln mit Sauerstoff und Nährstoffen. 4 Wir atmen Luft durch Nase und Mund über die Luftröhre in die Lunge. Dort wird Sauerstoff an das Blut weitergegeben. 5 Im Magen wird das Essen verdaut und gelangt dann in den Dünn- und den Dickdarm. Hier werden wichtige Nährstoffe an den Körper abgegeben. Die unbrauchbaren Reste scheidet der Körper wieder aus. 6 Das Gehirn steuert alle Funktionen des Körpers. Über die Nerven sendet es elektrische Impulse zu den Organen und anderen Körperteilen.

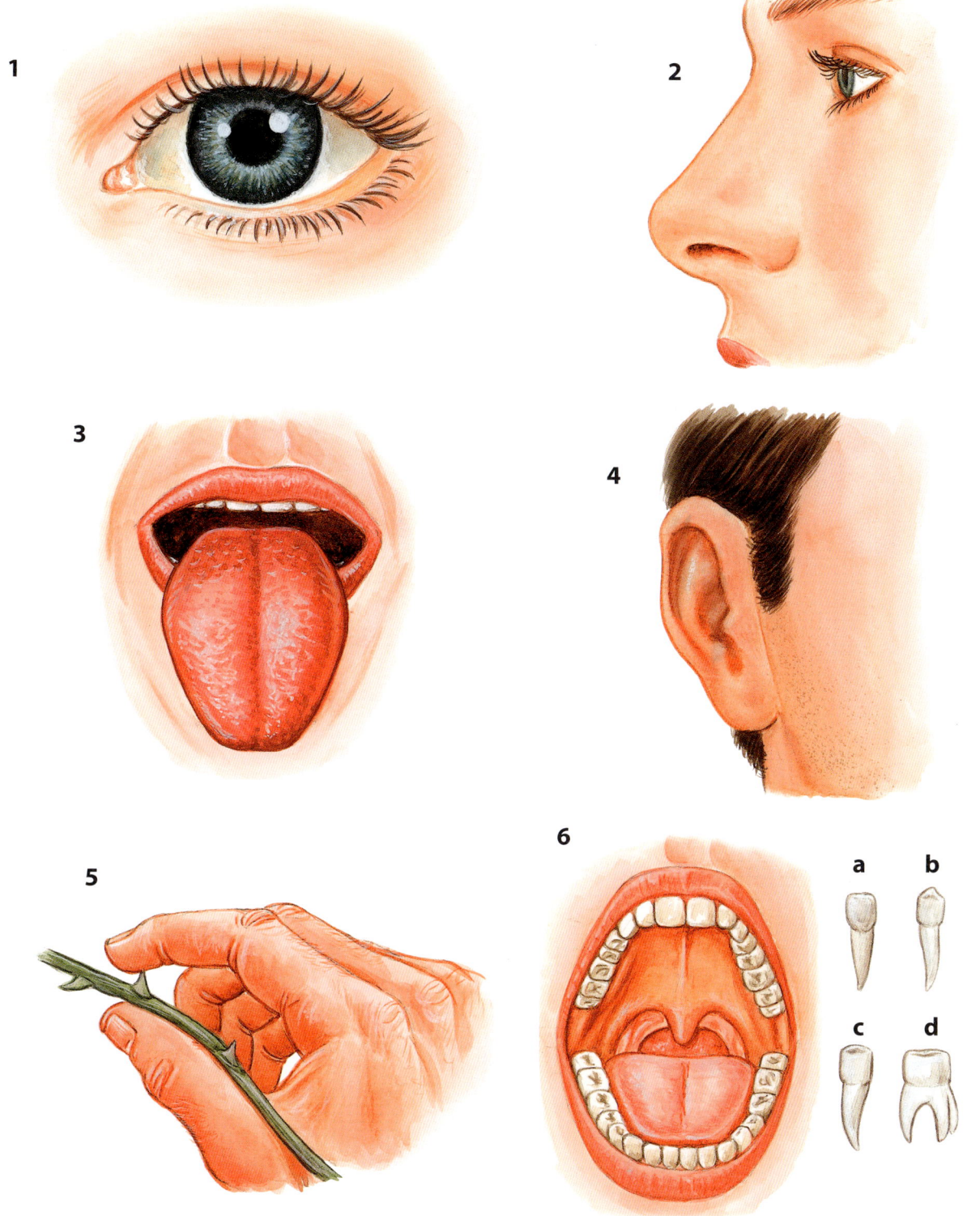

1 Das Auge meldet dem Gehirn, was wir sehen. Es besteht aus dem Augapfel und der Pupille. Unter den Augenlidern sitzen die Tränendrüsen. **2** Durch die Nase nehmen wir Gerüche wahr. Gleichzeitig wärmt, reinigt und befeuchtet sie die Atemluft. **3** Mit der Zunge können wir feststellen, ob etwas süß, salzig, sauer oder bitter schmeckt. Außerdem bildet sie beim Sprechen die Laute. **4** Von unseren Ohren sieht man nur die äußere

Muschel. Die Hörorgane liegen im Inneren unseres Schädels. Hier befinden sich auch die Gleichgewichtsorgane. **5** Über feine Nervenenden in der Haut können wir Schmerz, Druck, Hitze und Kälte spüren. Die Haut ist unser größtes Organ. **6** Zähne dienen zum Zerkleinern der Nahrung. Ein Erwachsener hat 32 Zähne: jeweils oben und unten **a** 4 Schneidezähne **b** 2 Eckzähne **c** 4 Vorbackenzähne und **d** 6 Backenzähne. ⇨ Körper

1

2

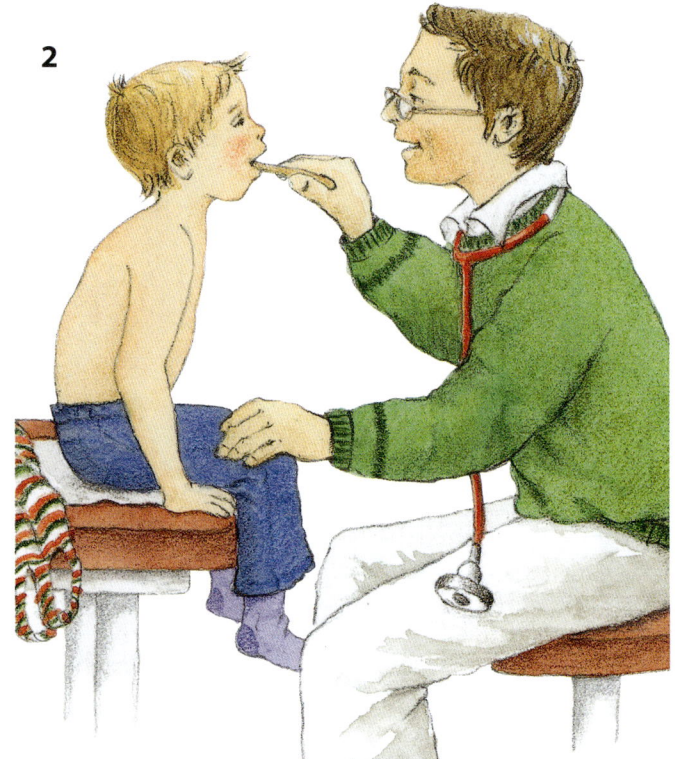

3

4

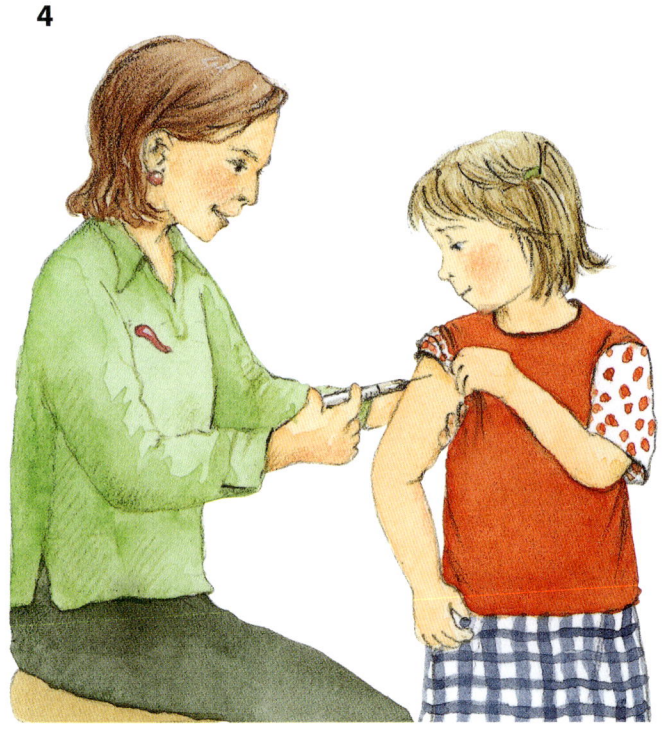

1 Wenn man krank ist, bekommt man oft Fieber. Mit der erhöhten Temperatur bekämpft der Körper Krankheitserreger. Mit dem Fieberthermometer kann man die Körpertemperatur messen. Wer über 37 Grad Temperatur hat, muss sich ins Bett legen, viel schlafen und viel trinken. **2** Wenn die Krankheit nicht besser wird, muss man sich vom Arzt untersuchen lassen. Manchmal kommt der Arzt auch nach Hause. Der Arzt entscheidet, ob man

Medikamente nehmen soll oder noch Bettruhe halten muss. **3** Vom Arzt bekommt man ein Rezept für Medikamente, die man in der Apotheke kaufen kann. In der Apotheke bekommt man auch Tees, Hustenbonbons, Körper- und Zahnpflegemittel. **4** Zur Vorbeugung von Krankheiten lässt man sich impfen. Kinder werden zum Beispiel gegen Masern geimpft. Erwachsene lassen sich impfen, wenn sie in ferne Länder reisen, wo es andere

5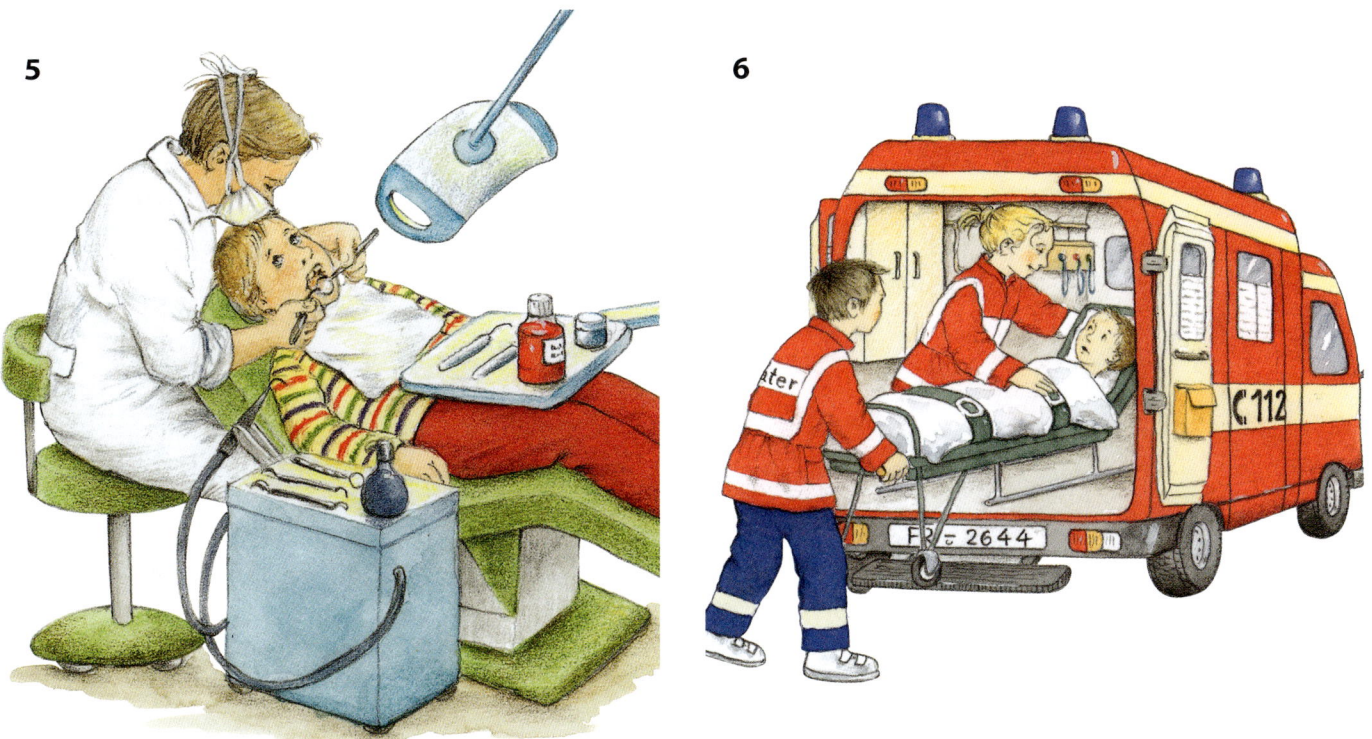

6

7

Krankheiten als bei uns gibt. **5** Neben dem Körper können auch die Zähne krank werden. Zähne bleiben gesund, wenn man sie gründlich nach allen Mahlzeiten putzt. Beim Zahnarzt werden die Zähne untersucht und behandelt. **6** Wenn ein Unfall passiert oder jemand eine schlimme Krankheit bekommt, wird er ins Krankenhaus gebracht. Wenn man sich etwas gebrochen hat oder zu schwach zum Laufen ist, kommt der Krankenwagen.

Die Helfer bringen den Patienten auf einer Trage in den Krankenwagen und fahren ihn ins nächste Krankenhaus. Dort wird der Patient noch einmal untersucht und danach operiert oder intensiv behandelt. **7** Im Krankenzimmer kann man Besuch bekommen. Meist teilt man sich das Zimmer mit anderen Patienten. Wenn der Arzt feststellt, dass man wieder gesund ist, darf man nach Hause. ⇨ Gesundheit

1 Im Alter zwischen 3 und 6 Jahren besuchen Kinder den Kindergarten. Meistens bringen sie die Mütter oder Väter am Morgen dorthin. Die Kinder bleiben bis zum Mittag oder frühen Nachmittag in der Kindergartengruppe. Sie machen mit ihrer Erzieherin Kreisspiele, singen, basteln oder malen. Es gibt aber auch Spielecken oder Hochebenen, wo die Kinder allein spielen können. In der Kindertagesstätte verbringen die Kinder bis zu sieben Stunden je Tag. Die Kita-Gruppen sind altersgemischt. **2** Kleinkinder bis zu 3 Jahren erhalten in den Krippen eine besondere Betreuung. Sie werden meistens früh am Morgen gebracht, essen zusammen mit den anderen Kindern zu Mittag und können danach in einem Ruheraum ausruhen. **3** Mit etwa 6 Jahren kommen Kinder in die Schule. **4** Hier werden sie in Klassenzimmern unterrichtet. In den ersten 4 Klassen

der Grundschule lernen sie vor allem Lesen, Schreiben und Rechnen, aber auch **5** Musik, Religion, Sport und Sachkunde stehen auf dem Stundenplan. Nach der Grundschule wechseln die Schüler auf weiterführende Schulen. Hier gibt es Fächer wie Mathematik, Physik, Deutsch, Erdkunde und Fremdsprachen. Manche Schulen sind sehr groß und zum Unterrichtsbeginn am Morgen strömen viele Kinder zur Schule. Am Zebrastreifen halten dann Schülerlotsen den Verkehr an. Kinder, die mit dem Fahrrad kommen, stellen ihre Räder in den Fahrradständer. Wer einen weiten Schulweg hat, nimmt den Schulbus. **6** Am Kiosk kann man Getränke und Essen kaufen. Während der Pause sind alle Schüler auf dem Schulhof. **7** Zum Sportunterricht gehen die Klassen in die Turnhalle oder auf den Sportplatz. Theateraufführungen und Konzerte finden in der Aula statt. ⇨ Erziehung

In der Stadt herrscht viel Verkehr. Für jeden Verkehrsteilnehmer gibt es eigene Wege. Radfahrer benutzen Radwege, für Fußgänger sind die Gehwege da. Autos und Motorräder, Busse und Lastwagen dürfen nur auf der Straße fahren. In Deutschland muss man auf der rechten Straßenseite fahren. In Großbritannien, Japan und einigen anderen Ländern herrscht Linksverkehr. In manchen Städten gibt es auch Straßenbahnen. Sie fahren auf Schienen und werden mit Strom betrieben. Busse, Straßenbahnen und die unterirdische U-Bahn gehören zum Nahverkehr. Wer sie benutzt, kauft eine Fahrkarte und kann an den Haltestellen ein- und aussteigen. Wer will, kann auch ein Taxi nehmen, das einen direkt bis zum Zielort bringt. Alle Verkehrsteilnehmer müssen sich an die Verkehrsregeln halten und die Verkehrsschilder beachten. Das ist wichtig für die Ordnung und

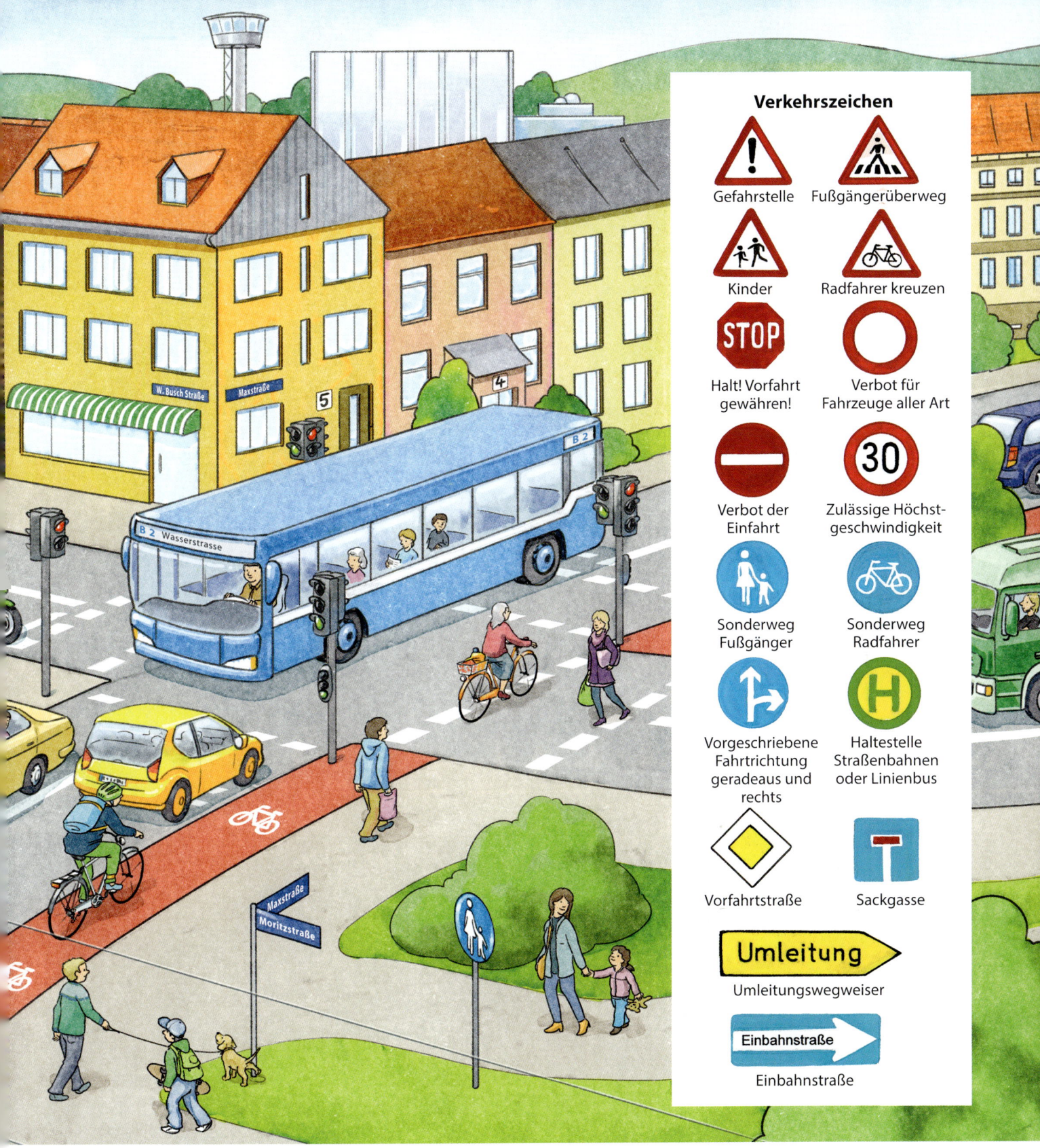

Verkehrszeichen

Gefahrstelle

Fußgängerüberweg

Kinder

Radfahrer kreuzen

Halt! Vorfahrt gewähren!

Verbot für Fahrzeuge aller Art

Verbot der Einfahrt

Zulässige Höchstgeschwindigkeit

Sonderweg Fußgänger

Sonderweg Radfahrer

Vorgeschriebene Fahrtrichtung geradeaus und rechts

Haltestelle Straßenbahnen oder Linienbus

Vorfahrtstraße

Sackgasse

Umleitungswegweiser

Einbahnstraße

die Sicherheit im Straßenverkehr. Geschwindigkeitsbeschränkungen sollen helfen, Unfälle zu vermeiden und den Verkehr sicherer zu machen. An vielen Kreuzungen stehen Ampeln. Wenn es Rot ist, muss man warten, bei Grün darf man fahren. Fußgänger müssen die Zebrastreifen benutzen, um sicher über die Straße zu gelangen. In der Stadt darf man sein Auto nur dort abstellen, wo es erlaubt ist. Bei manchen Parkplätzen muss man Geld in Parkuhren oder Parkscheinautomaten werfen. Wer nicht bezahlt oder an einer verbotenen Stelle parkt, muss eine Strafe zahlen. Jede Straße hat einen Namen und jedes Haus hat eine Nummer. Damit man sich nicht verfährt, gibt es in der Stadt Wegweiser. Sie zeigen, wohin man fahren muss, um zum Beispiel zur Autobahn, zum Bahnhof oder zu einem anderen Ort zu gelangen. ⇨ Straßenverkehr

Schon vor über 2000 Jahren war Sport als Freizeitbeschäftigung sehr beliebt. Bei den ersten Olympischen Spielen in Griechenland haben die Wettkämpfer ihre Kräfte und ihre Geschicklichkeit beim Wettlauf, Weitspringen, Ringen und Speerwerfen gemessen. Heute gibt es viel mehr Sportarten und jeder kann sich aussuchen, was ihm Spaß macht. Es gibt Berufssportler, die mit einer Sportart in Wettkämpfen Geld verdienen. Und es gibt Freizeitsportler, die Sport treiben, weil es ihnen Spaß macht und weil es gesund ist. Vielerorts gibt es Fitnesscenter, in denen man Tennis oder Squash spielen, seine Muskeln trainieren oder Gymnastik machen kann. Viele Menschen joggen, um sich zu entspannen und fit zu bleiben. Mit dem Fahrrad kann man Ausflüge machen oder Rennen fahren. Mountainbikes ermöglichen Touren im Gelände. Auch Skateboards, Longboards und

Inlineskates sind verbreitete Sportgeräte. Überall bieten Vereine die Möglichkeit, Sportarten zu erlernen und auszuüben. In öffentlichen Bädern kann man schwimmen. Auf Seen, Flüssen und Meeren kann man surfen, rudern und segeln. Wer will, kann Wasserski fahren oder sich an einem Schirm von einem Motorboot hoch in die Luft ziehen lassen. In den Bergen kann man wandern. Zum Bergsteigen oder Freeclimbing braucht man eine besondere Ausbildung. Diese Sportarten sind sehr gefährlich. Auch andere Sportarten wie Segelfliegen und Drachenfliegen muss man lernen, bevor man sie ausüben darf. Zu den beliebtesten Sportarten bei Jungen und Mädchen zählen **1** Reiten, **2** Fußball und **3** Ballett. Auch Geschicklichkeitsspiele wie Jonglieren sind verbreitet. Im Winter kann man in den Bergen **4** snowboarden, Ski laufen und Schlitten fahren. ⇨ Sport

Der gesamte Zirkus kann auf Wagen verladen und von einer Stadt in die andere transportiert werden. Wenn der Zirkus in eine Stadt kommt, freuen sich alle. In der Mitte des Platzes wird das Zelt aufgebaut. Große Stangen bilden das Gerüst, das mit riesigen Zeltplanen überdacht ist. Die Zuschauertribünen sind im Kreis um die Manege herum aufgebaut. Über dem Artisteneingang ist der Balkon für das Zirkusorchester. Unter dem Zirkusdach sind Scheinwerfer aufgehängt und Stahlseile für die Trapezkünstler montiert. Zirkuskünstler und alle anderen, die beim Zirkus arbeiten, leben **1** in Wohnwagen. Dort ist es eng, aber es ist alles vorhanden, was man zum Leben braucht. Die Zirkustiere werden **2** in Käfigwagen transportiert. Wenn der Zirkus an einem Ort angekommen ist, bauen die Arbeiter **3** das Stallzelt auf. Hier werden die Pferde, Elefanten und andere Tiere untergebracht.

Die Raubtiere bleiben in den Käfigwagen. Wer die Zirkusvorstellung besuchen will, kauft sich am Kassenwagen eine Eintrittskarte und ein Programmheft. Durch das Eingangszelt gelangen die Besucher in das Zirkuszelt. In der Manege treten die Artisten auf: Jongleure, Zauberer, Feuerschlucker, Akrobaten, Messerwerfer, Kunstreiter und Tierdompteure. In der Kuppel des Zeltes führen Seiltänzer und Trapezkünstler ihre Kunststücke vor.

Zwischendurch treten immer wieder die Clowns auf und sorgen für lustige Unterhaltung. Der Zirkusdirektor sagt die einzelnen Darbietungen an und das Orchester spielt, während die Künstler auftreten. Zirkusartisten müssen lange üben, bis sie ihre schwierigen und manchmal auch gefährlichen Kunststücke perfekt beherrschen. In der Pause kann man sich etwas zu trinken holen und die Tiere im Stallzelt besichtigen. ⇨ Zirkus

Im Zoo kann man die unterschiedlichsten Tiere aus vielen Teilen der Erde sehen. Ein Zoo ist ein großer Park mit Bäumen und Wegen, in dem die Lebensräume der verschiedenen Tiere nachgebaut sind. Die Tiere sind in Freigehegen oder in Häusern untergebracht. Früher hatten die Zootiere wenig Platz in ihren engen Käfigen. Heute bemüht man sich um eine artgerechte Haltung mit viel Auslauf. Eine wichtige Aufgabe der Zoos ist es,

vom Aussterben bedrohte Tiere zu halten und zu züchten. Einige Tierarten kann man nur noch im Zoo sehen. Tierärzte kümmern sich um die Gesundheit der Tiere. Sie helfen auch, wenn ein Tierjunges geboren wird. Die Pfleger halten die Tiergehege und Häuser sauber. Sie füttern die Tiere und spielen mit ihnen. Man kann ihnen dabei zuschauen. Besonders spannend ist die Fütterung der Seehunde und See-Elefanten, die manchmal kleine

Kunststücke aufführen. Große Tiere haben ein Freigelände mit einem Haus, in das sie sich bei Kälte zurückziehen können. Affen sind sehr gute Akrobaten und können weit und hoch springen. Deshalb ist das Affengelände von einem breiten Graben und oft auch von einem hohen Zaun umgeben. Im Meerwasseraquarium kann man Fische und andere Meeresbewohner beobachten. Durch die Glasscheiben sieht man bunte Korallenfische,

Krebse, Seeigel und Seesterne. Manche Zoos haben große, begehbare Vogelvolieren. Dort kann man frei fliegende Vögel beobachten. Im Terrarium werden Schlangen, Echsen, Schildkröten und Schmetterlinge gehalten. Besonders beliebt bei Kindern ist der Streichelzoo mit Schafen, Ziegen, Meerschweinchen, Hasen und anderen zahmen Tieren, die man berühren darf. In einigen Zoos kann man sogar auf Ponys reiten. ⇨ Zoo

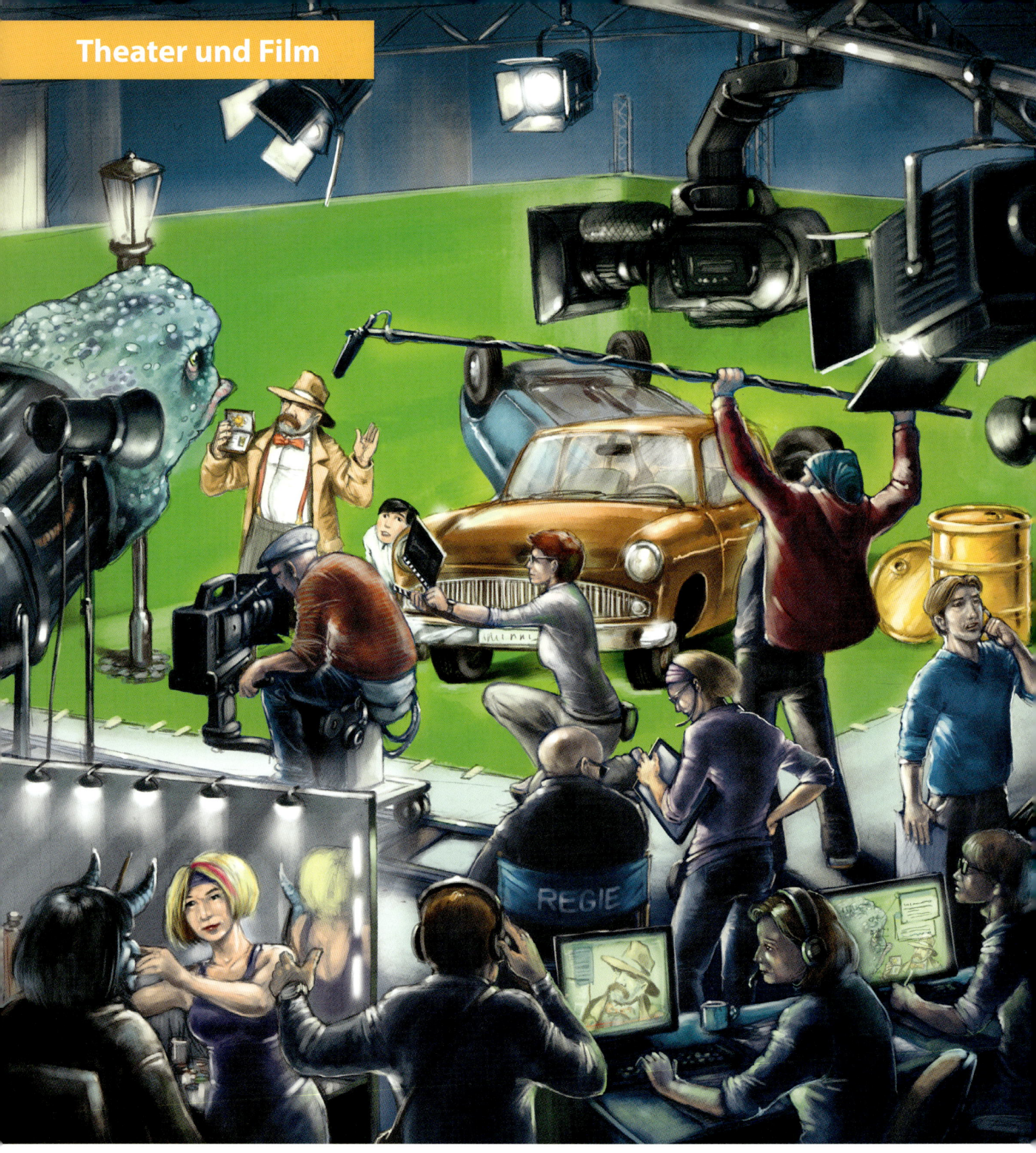

Die Produktion eines Films ist aufwendig und teuer. Viele Menschen werden benötigt, um ein Drehbuch zu verfilmen. Zum Filmteam gehören Regisseur, Kameramann, Aufnahmeleiter, Toningenieur, Dekorateur, Kostümbildner, Maskenbildner, Beleuchtungstechniker und Regieassistent. Im Film zu sehen sind aber nur die Schauspieler. Manche Szenen werden im Freien aufgenommen, andere im Filmstudio. Die Kulisse wird anschließend oft digital am Computer erstellt. Während eine Szene gedreht wird, bereitet die Maskenbildnerin die Schauspieler schon für den nächsten Auftritt vor. Der Aufnahmeleiter beobachtet am Monitor, was der Kameramann aufnimmt. Der Toningenieur hält das Mikrofon über die Schauspieler. Manche Szenen werden oft wiederholt, bevor am Schluss aus vielen Stunden Filmmaterial der eigentliche Film geschnitten wird.

1 Im Theater sitzt das Publikum im Zuschauerraum. Die Schauspieler führen auf der Bühne ein Stück auf. Der Orchestergraben für die Musiker liegt zwischen Bühne und Publikum. Im Souffleurkasten sitzt die Souffleuse und hilft den Schauspielern, wenn sie ihren Text vergessen haben. Vor einer Aufführung gibt es viele Proben. Der Regisseur sagt den Schauspielern, wie sie sich bewegen und wie sie ihren Text sprechen sollen. Auf der Bühne hat der Bühnenbildner eine Kulisse aus Holz aufgebaut. Die Beleuchter richten ihre Scheinwerfer aus. Manchmal werden für die Theaterstücke Kostüme genäht. **2** Die Kostümbildnerin macht mit den Schauspielern eine Anprobe. **3** Dann werden die Schauspieler von der Maskenbildnerin geschminkt. Schauspieler, die vor dem Auftritt aufgeregt sind, haben „Lampenfieber".
⇨ Theater und Film

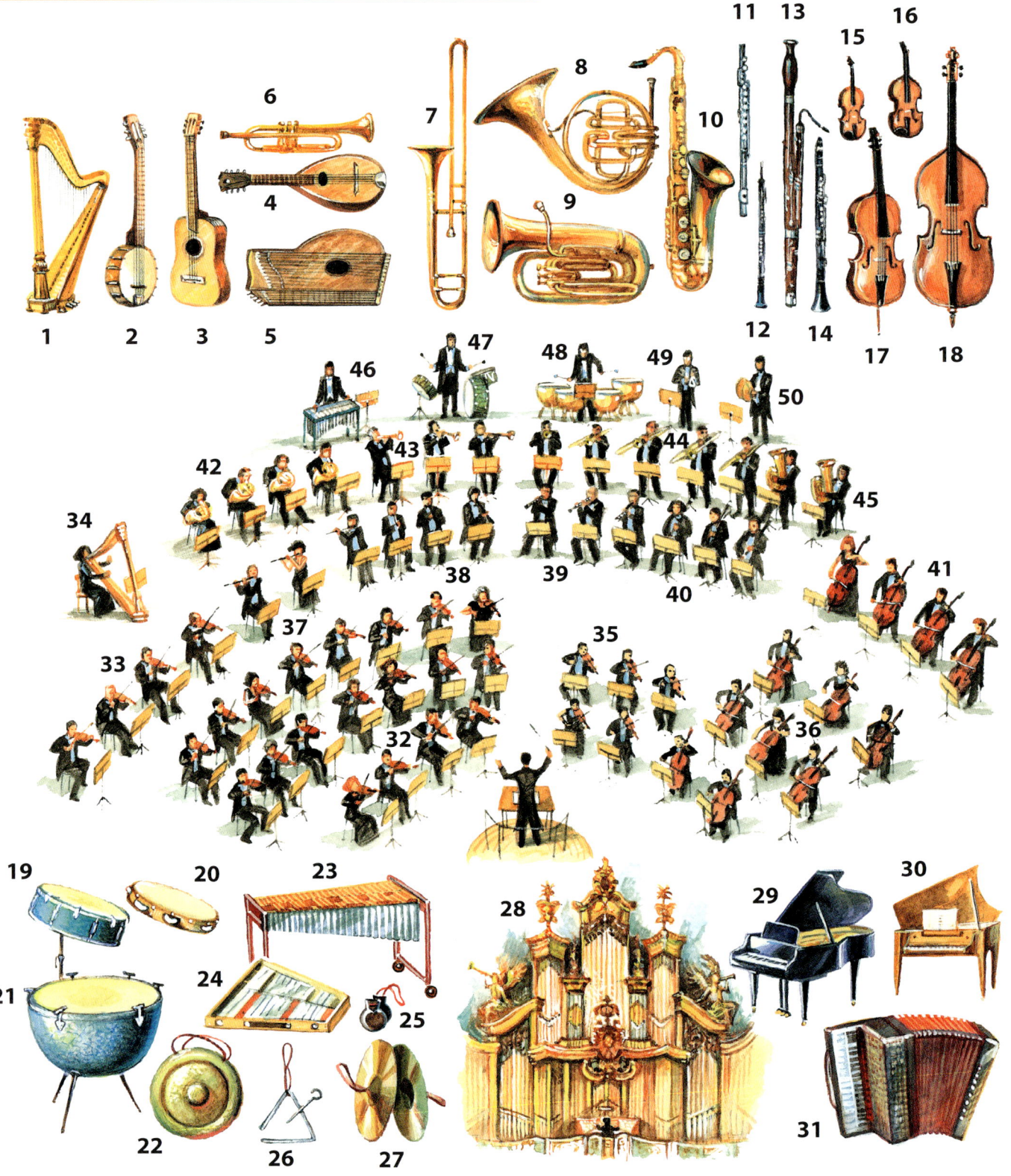

Musikinstrumente unterscheidet man nach der Art, wie sie gespielt werden. Zupfinstrumente: **1** Harfe **2** Banjo **3** Gitarre **4** Mandoline und **5** Zither. Blasinstrumente werden außerdem in Blechblasinstrumente und Holzblasinstrumente unterteilt. Blechblasinstrumente: **6** Trompete **7** Posaune **8** Horn und **9** Tuba. Holzblasinstrumente: **10** Saxophon **11** Flöte **12** Oboe **13** Fagott und **14** Klarinette. Streichinstrumente: **15** Geige **16** Viola **17** Cello und **18** Kontrabass. Schlag- und Rhythmusinstrumente: **19** Trommel **20** Tamburin **21** Pauke **22** Gong **23** Vibraphon **24** Glockenspiel **25** Kastagnetten **26** Triangel und **27** Becken. Tasteninstrumente: **28** Orgel **29** Flügel **30** Spinett und **31** Akkordeon. Zu einem klassischen Sinfonieorchester gehören: **32** erste Geigen **33** zweite Geigen **34** Harfe **35** Bratschen **36** Celli **37** Flöten **38** Oboen **39** Klarinetten **40** Fagotte **41** Kontrabässe

42 Hörner 43 Trompeten 44 Posaunen 45 Tuben
46 Schlagspiel 47 Trommeln 48 Pauken 49 Triangel
50 Becken.
Musikinstrumente aus aller Welt:
Schlag- und Rhythmusinstrumente: 51 Reibtrommel,
Simbabwe. 52 Bechertrommel, Tunesien. 53 Trommel,
Westafrika. 54 Kalebassen-Rassel, Nigeria. 55 Trommel,
Indien. 56 Schrapinstrument, Kuba. 57 Gongspiel, China.

Streich- und Zupfinstrumente: 58 Zither, Korea. 59 Sha-
misen, Japan. 60 Spießgeige, Türkei. 61 Sarinda, Belut-
schistan. 62 Vina, Indien. 63 Geige, Bulgarien.
64 Balalaika, Russland. 65 Harfe, Burma. Blasinstrumente: 66 Trompete, Tibet. 67 Alphorn, Schweiz.
68 Panflöte, Rumänien. 69 Okarina, Italien. 70 Flöte,
Kuba. 71 Oboe, China. 72 Horn, Indien. 73 Dudelsack,
Schottland. ⇨ Musik

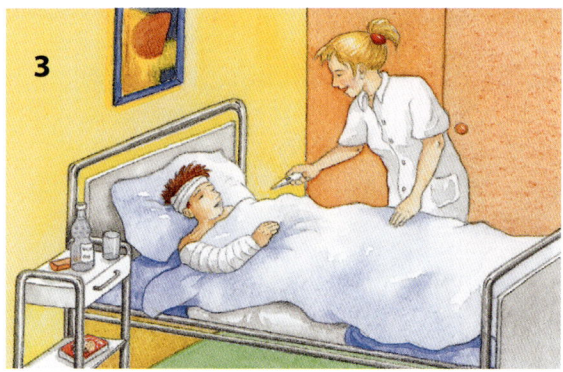

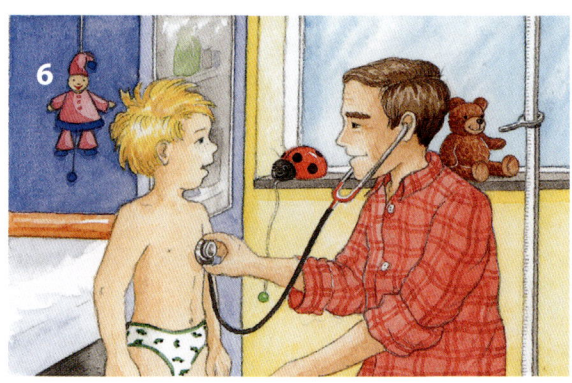

Nach dem Abschluss der Schule kann man entweder eine Lehre machen und einen Beruf erlernen oder zum Beispiel an der Universität studieren. Es gibt viele verschiedene Berufe und die Berufsausbildungen sind unterschiedlich lang. Ideal ist es, wenn man einen Beruf findet, der den eigenen Interessen und Fähigkeiten entspricht. **1** Ein Chemiker kann zum Beispiel in der Industrie arbeiten oder an der Universität forschen.

Er entwickelt für eine Arzneimittelfirma neue Medikamente oder führt Experimente zum Zwecke der Forschung durch. **2** Der Pilot muss eine sehr lange technische und praktische Ausbildung machen, bevor er ein Flugzeug steuern darf. **3** Die Krankenschwester arbeitet im Krankenhaus. Sie hilft dem Arzt und kümmert sich um die Patienten. **4** Der Bäcker muss sehr früh aufstehen, damit die Brötchen rechtzeitig zum Frühstück fertig

sind. **5** Beim Friseur kann man sich die Haare schneiden, eine Dauerwelle legen oder sich rasieren lassen. **6** Wenn Kinder krank sind, gehen die Eltern mit ihnen zum Kinderarzt. **7** Politiker kümmern sich um die Gesetze und die Regierungsgeschäfte. Oft halten sie Reden, die vom Fernsehen übertragen werden. **8** Kameramänner arbeiten beim Fernsehen oder in der Filmindustrie. **9** Lastwagenfahrer müssen ihre großen Fahrzeuge sicher und zuverlässig durch den Verkehr steuern. **10** Wenn ein Auto kaputt ist, bringt man es zum Automechaniker. **11** Lehrer unterrichten an einer Schule. **12** Der Maurer arbeitet an einem Haus, das **13** der Architekt entworfen hat. **14** Sekretärinnen müssen sich gut mit Computern auskennen. **15** Die Verkäuferin berät den Kunden und kassiert das Geld. **16** Ein Gärtner kümmert sich um die Pflanzen und pflegt den Garten. ⇨ Berufe

Die Feuerwehr hilft bei vielen Notfällen. Sie kommt, wenn ein Haus brennt, bei Überschwemmungen, Giftalarm und manchmal muss sie sogar Tiere retten. Das Gebäude, in dem die Feuerwehr untergebracht ist, nennt man Feuerwache. Wenn Feueralarm ausgelöst wird, ziehen die Feuerwehrmänner schnell ihre Schutzanzüge und Helme an, steigen in die Feuerwehrwagen und fahren mit Sirene und Blaulicht zum Einsatzort.

Dort sperren sie den Brandort ab, damit die Schaulustigen sie nicht stören. Der Einsatzleiter bestimmt, welche Löschfahrzeuge eingesetzt werden, und organisiert die Arbeit der Feuerwehrmänner. **1** Über die große Leiter des Leiterwagens können sie direkt in das brennende Gebäude einsteigen. **2** Der Tanklöschwagen hat seine Schläuche an einen Hydranten angeschlossen und die Feuerwehrleute spritzen Wasser auf das

Feuerwehrmann mit feuerfester Schutzkleidung, Helm und Sauerstoffgerät

Polizistin mit Spürhund

brennende Haus. **3** Ein Krankenwagen steht bereit, um Verletzte abzutransportieren. **4** Wenn auf der Straße ein Unfall passiert, kommt die Polizei. Sie regelt den Verkehr, sperrt den Unglücksort ab und untersucht den Unfall. Die Fahrer der Autos werden vernommen, ihre Führerscheine überprüft und die Zeugen des Unfalls befragt. Die Polizei muss herausfinden, wie der Unfall passiert ist und wer daran schuld war. Wenn es Verletzte gibt, wird ein Krankenwagen gerufen. Die Verkehrspolizei achtet auch auf die Einhaltung der Verkehrsregeln und führt Geschwindigkeitskontrollen durch. Die Wasserschutzpolizei kontrolliert mit ihren Booten den Schiffsverkehr auf Flüssen, Seen und Meeren. Bei einem Einbruch oder anderen Verbrechen ermittelt die Kriminalpolizei den Fall. Anders als ihre Kollegen tragen Kriminalbeamte keine Uniform. ⇨ Feuerwehr und Polizei

Bevor ein Haus gebaut wird, zeichnet der Architekt einen Plan und berechnet die Kosten. Wenn der Bauherr mit allem einverstanden ist, können die Baufirmen beauftragt werden. **1** Zuerst kommen die großen Bagger. Sie heben eine Grube für das Kellerfundament aus. Dann werden die Abwasserrohre gelegt. **2** Mit einer fahrbaren Betonpumpe wird der Beton in die Baugrube gepumpt und das Fundament gegossen. Wenn der

Beton trocken ist, können die Mauern errichtet werden. **3** Reihe um Reihe verbinden die Maurer die Steine mit Mörtel zu einer festen Mauer. Für Fenster und Türen bleiben Öffnungen frei. Wenn die Mauern eines Stockwerks fertig sind, wird die Decke eingezogen. **4** Der Dachstuhl wird aus Balken gezimmert und wenn er fertig ist, feiern die Bauleute das Richtfest mit einem Richtkranz. Sobald die Dachdecker die Dachziegel aufgelegt haben, ist das

Haus im Rohbau fertig. **5** Danach kann das Haus verputzt werden. Die Zimmerleute bauen Türen und Fenster ein, Installateure und Elektriker verlegen Leitungen für Wasser und Strom. Danach verputzt der Gipser die Innenwände und der Fliesenleger fliest Bad und Küche. Der Fußboden wird verlegt und im Keller wird die Heizanlage eingebaut. Wenn alles installiert ist, müssen die Innenwände nur noch gestrichen werden, dann ist das Haus bezugsfertig und kann eingerichtet werden. Vom Haus zur Straße wird ein Weg angelegt. Lastwagen bringen Erde, die im Garten verteilt und begradigt wird. Die Bauarbeiter räumen die Baustelle auf. Jetzt kann die Straße geteert werden und die Telefongesellschaft schließt die Leitung zum Haus an. **6** Um sich vor Regen zu schützen, haben die Telefontechniker über dem Leitungskanal ein Zelt errichtet. ⇨ Baustelle

Kraftwerke erzeugen Energie in Form von Strom. Wasser oder heißer Dampf drehen eine Turbine, die einen Stromgenerator antreibt. Zur Erhitzung des Wassers werden vor allem Kohle und Atomkraft verwendet. In Müllverbrennungsanlagen wird aus Hausmüll Energie gewonnen. Es gibt aber auch umweltfreundlichere Möglichkeiten zur Stromgewinnung wie Wind- und Sonnenenergie. **1** Steinkohle wird in tiefen Schächten abgebaut.

Ein Förderturm transportiert die Kohle nach oben. **2** Weil Braunkohle oft dicht unter der Erdoberfläche liegt, wird sie im Tagebau mit riesigen Kohlebaggern gewonnen. **3** Energie aus Wasser ist sehr umweltfreundlich, weil keine Abgase entstehen. Durch einen Tunnel wird das Wasser des Stausees zu den Turbinen geleitet. Generatoren produzieren Strom, der über Hochspannungsleitungen weitertransportiert wird. **4** Atomkraftwerke zu betreiben

ist sehr aufwendig und birgt Gefahren. Es entsteht Giftmüll und zudem erwärmt das Kühlwasser die Flüsse. **5** Solarkraftwerke sammeln die Sonnenenergie in großen Spiegeln. **6** Geothermische Kraftwerke nutzen heißes Wasser aus tiefen Erdschichten. **7** Im Biomassekraftwerk werden Holz- und Pflanzenreste aus der Landwirtschaft verwendet. **8** Gezeitenkraftwerke arbeiten mit Turbinen, die durch Ebbe und Flut angetrieben

werden. **9** Durch die Verbrennung von Steinkohle und Braunkohle in den Kohlekraftwerken gelangen Schadstoffe in die Luft. **10** Windkraftwerke haben große Flügel, die durch den Wind angetrieben werden. **11** Erdöl liegt tief in der Erde. Auch unter den Meeren gibt es Ölvorkommen. Sie werden über Bohrinseln gefördert. **12** In der Raffinerie wird Rohöl zu Schmieröl, Dieselöl und Benzin verarbeitet. ⇨ Energie

Für unser tägliches Leben brauchen wir große Mengen Wasser. Wir nutzen es zum Waschen, Kochen und Trinken. Auch zur Bewässerung der Gärten und Grünanlagen, für Schwimmbäder, zur Straßenreinigung und in Autowaschanlagen wird Wasser benötigt. Beleuchtung, Haushaltsgeräte, Computer und Klimaanlagen werden mit elektrischem Strom betrieben. Mit Gas kann man kochen und heizen. Lastwagen, Autos und Motorräder benötigen zum Fahren Benzin oder Dieselkraftstoff, manche fahren mit Gas, wenige mit Elektroantrieb.
1 Im Wasserwerk wird das Wasser gereinigt und dann von der Pumpstation in einen hochgelegenen Behälter gepumpt. Von hier fließt es über Leitungen in die Städte und Dörfer und wird in die Häuser verteilt. **2** Verbrauchtes Wasser ist schmutzig. Es wird in den Ausguss des Waschbeckens gekippt. Von hier läuft es über Rohre

in unterirdische Abwasserkanäle. Bevor es in die Flüsse oder Meere zurückgeleitet wird, muss es gereinigt werden. In der Kläranlage wird das Wasser in mehreren großen Becken gesiebt und biochemisch gesäubert. **3** Vom Kraftwerk gelangt der elektrische Strom in ein Umspannwerk. Transformatoren wandeln den Strom so um, dass er in den Haushalten verwendet werden kann. Überlandleitungen verbinden das Umspannwerk mit

den Städten und Häusern. **4** Mit Tanklastwagen wird Benzin und Diesel zu den Tankstellen gebracht, wo man sein Auto damit betanken kann. **5** Im Gaswerk wird das Gas in großen Kesseln gelagert, bevor es über Gasleitungen in die Häuser kommt. Heute wird Gas meistens unterirdisch gelagert. **6** In den Wänden der Häuser sind Leitungen für Strom, Gas, Wasser und Abwasser verlegt. ⇨ Energie

Viele Dinge, die wir täglich brauchen und die unser Leben angenehm machen, können für unsere Umwelt schädlich sein. Jeden Tag produzieren wir große Mengen von Müll. Alte Zeitungen, Verpackungen, Plastikbecher, Dosen, Flaschen und Gläser füllen die Mülltonnen. Autos und Flugzeuge verunreinigen mit ihren Abgasen die Luft und Fabriken erzeugen giftige Abwässer. Auch die Landwirtschaft trägt zur

Umweltverschmutzung bei. Düngemittel verunreinigen das Grundwasser und Schädlingsbekämpfungsmittel bedrohen die Tierwelt. In den letzten Jahren haben die Menschen erkannt, dass die Umwelt geschützt werden muss, wenn unsere Lebensgrundlagen erhalten bleiben sollen. Fabriken müssen die Schadstoffe aus Rauch und Abwasser filtern. Die Autos fahren mit Katalysatoren, manche auch mit Erdgas oder Strom. Viele

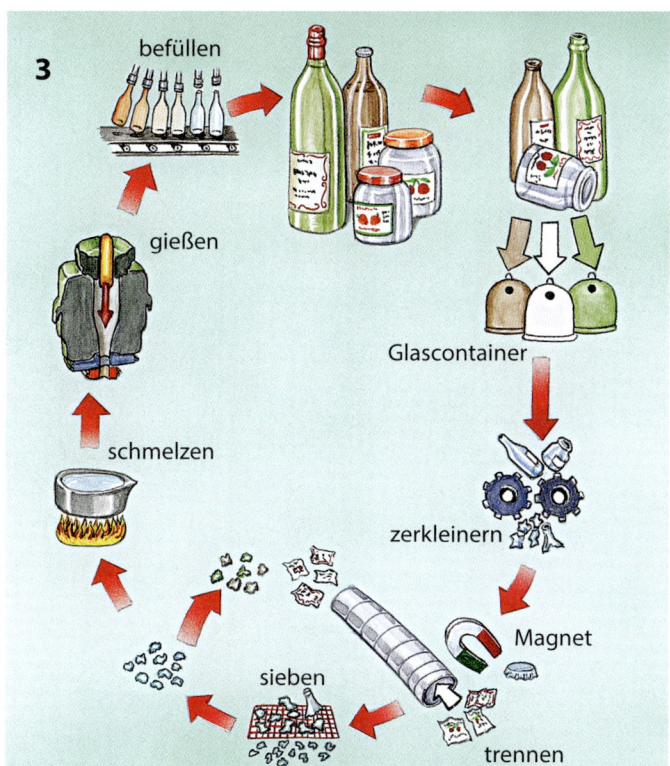

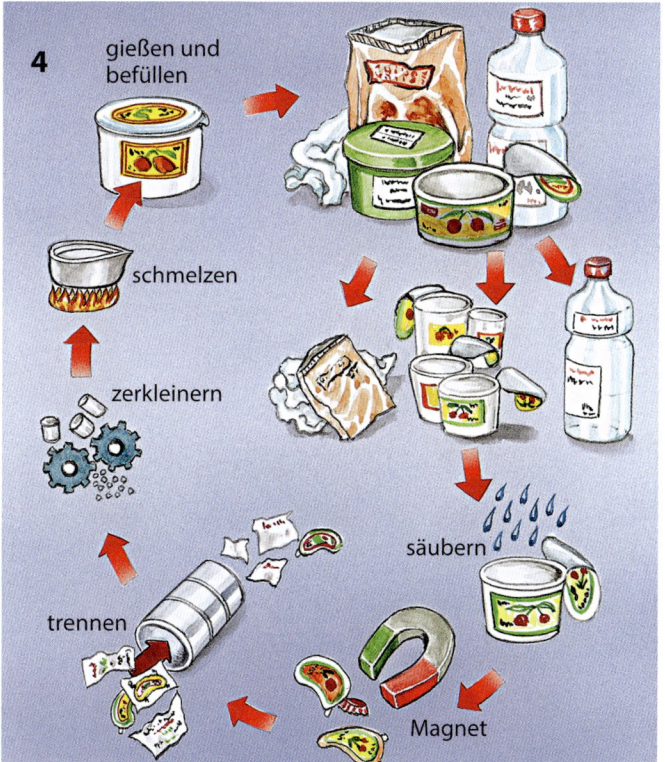

Bauern kehren zu einer natürlichen Landwirtschaft ohne übermäßigen Dünger zurück. Strom wird umweltschonend aus Windkraft, Wasserkraft und Sonnenenergie gewonnen. Grünflächen werden erhalten oder neu geschaffen. Der Hausmüll wird gesammelt und zum Teil wieder aufbereitet. In Containern kann man wiederverwertbare Stoffe nach Sorten getrennt entsorgen: Glas, Papier, Plastik und Dosen. Die Container werden in eine Recyclinganlage gebracht. **1** Müllhalde **2** Müllverbrennungsanlage **3** Recycling von Glas: Alte Flaschen werden zerkleinert. Mit einem Magneten zieht man Metallteile heraus. Aus den geschmolzenen Glassplittern gießt man neue Flaschen. **4** Auch Plastikbecher können wiederaufbereitet werden. Ähnlich wie Glas werden sie zerkleinert. Aus dem Pulver stellt man neue Becher her. ⇨ Umweltschutz

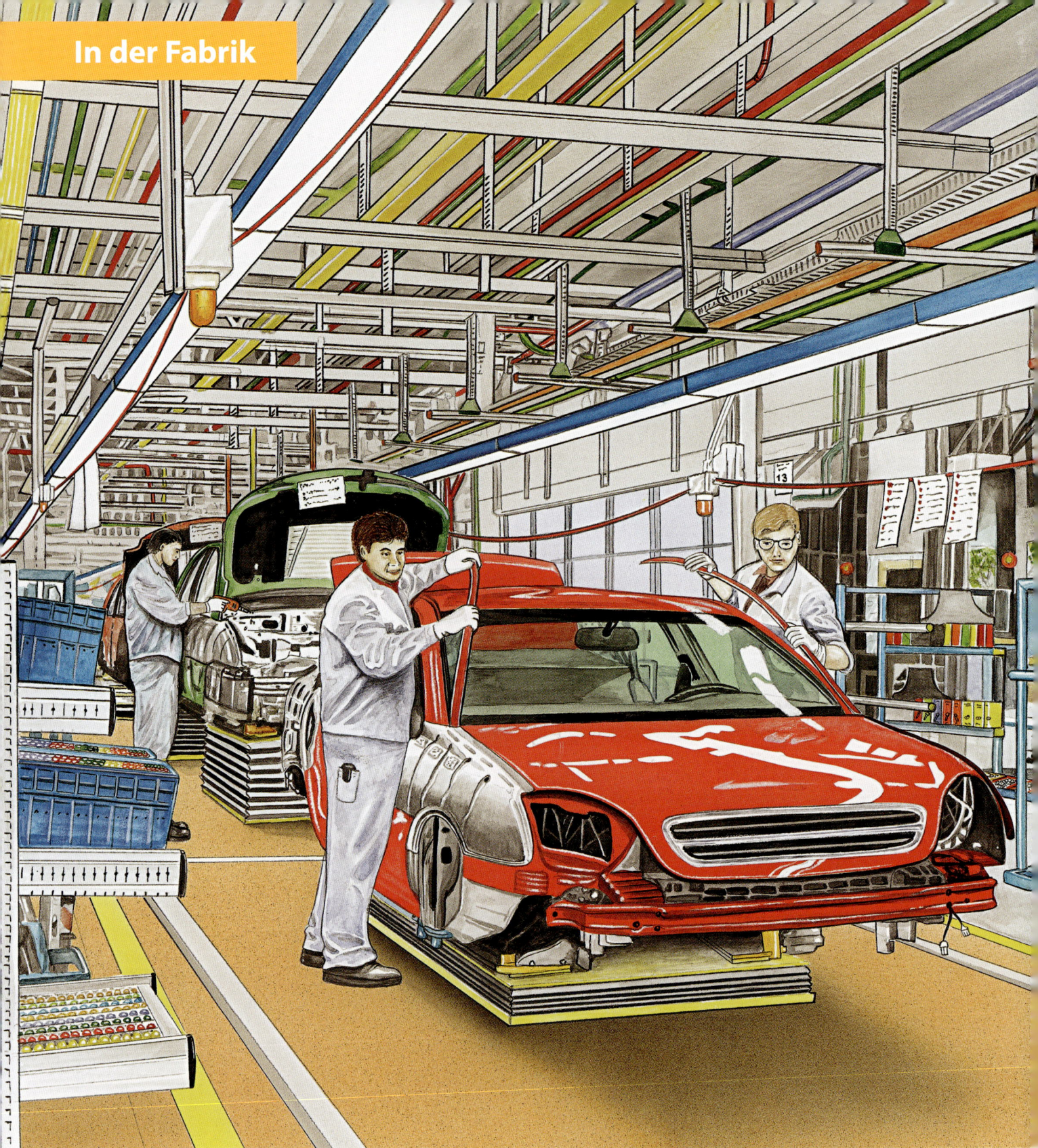

Bevor die Maschinen erfunden wurden, stellten Handwerker alle Gebrauchsgegenstände einzeln und mit der Hand her. In der Werkstatt arbeitete ein Meister mit seinen Gesellen und Lehrlingen. Jede Werkstatt hatte einen besonderen Bereich, in dem sie tätig war. Der Schmied stellte aus Eisen Äxte, Pflüge und Hufeisen her. Der Tischler baute aus Holz Möbel. Der Steinmetz war für die Verarbeitung von Steinen zu Fußböden,

Fensterrahmen und Grabmalen zuständig. Als die Dampfmaschine erfunden wurde, konnte sie zum Antrieb von Maschinen verwendet werden. Die Maschinen übernahmen einen Teil der Handarbeit der Menschen. Es entstanden Fabriken mit großen Hallen, in denen die Herstellung von Waren immer mehr automatisiert wurde. Vor ungefähr einhundert Jahren setzte der Autobauer Henry Ford erstmals das Fließband in seinen

Fabriken ein. Seitdem können Autos noch schneller und billiger gebaut werden. Die Autos bewegen sich auf einem langen Band durch die Fabrikhalle und die Arbeiter montieren die Einzelteile. Jeder Arbeiter ist für ein bestimmtes Teil oder einen bestimmten Bereich zuständig. Weil er immer wieder dieselbe Arbeit durchführt, arbeitet er sehr schnell. Etliche Stationen am Fließband sind nötig, bis ein Auto montiert ist. An manchen Stationen haben Robotermaschinen die menschliche Arbeit schon ganz übernommen. Die fertig zusammengesetzten und lackierten Autos werden auf Zugwaggons oder Autotransporter verladen und zum Autohändler gebracht. Heute haben viele Fabriken Fließbänder. Es werden dort die unterschiedlichsten Produkte wie Kleidung, Schuhe, Lebensmittel, aber auch Spielzeug und Medikamente in großen Mengen hergestellt. ⇨ Fabrik

Wie groß und wie schwer bin ich? Wie breit ist das Zimmer? Wie warm ist die Luft? Um Dinge vergleichen zu können, müssen wir sie messen. Früher verwendete man Körperteile zum Messen, etwa den Fuß oder die Elle. Heute sind die Maßeinheiten in Zahlen festgelegt. Eine Grundeinheit ist zum Beispiel der Meter. Der hundertste Teil davon ist ein Zentimeter, das Tausendfache eines Meters ist ein Kilometer. **1** Wenn wir wissen wollen, wie

spät es ist, schauen wir auf die Uhr. Sie zeigt die Tageszeit in Stunden, Minuten und Sekunden. Früher hat man die Zeit mit der Sonnenuhr und der Sanduhr gemessen. Ein Tag hat 24 Stunden. Ein Jahr hat 365 Tage und 12 Monate. Auf dem Kalender können wir sehen, welcher Tag gerade ist. **2** Das Gewicht wird mit einer Waage gemessen. Ein Kilogramm (kg) hat 1000 Gramm (g). **3** Entfernungen messen wir in Kilometern (km), Metern (m)

und Zentimetern (cm). Ein Lineal ist meistens 30 cm und ein Zollstock 2 m lang. An Straßen zeigen Wegweiser die Entfernungen zum nächsten Ort oder zur nächsten Abzweigung an. **4** Wie warm oder kalt es ist, können wir am Thermometer ablesen. Die Temperatur wird bei uns in Grad Celsius gemessen. Mit dem Wandthermometer messen wir die Lufttemperatur. Ein Fieberthermometer zeigt, ob wir krank sind und eine erhöhte

Körpertemperatur haben. **5** Wenn wir etwas kaufen wollen, brauchen wir Geld. Seit dem Jahr 2002 verwenden viele Länder Europas den Euro (€) als gemeinsames Zahlungsmittel. Vorher hatten die einzelnen Länder unterschiedliche Sorten Geld, in Deutschland zum Beispiel wurde die Deutsche Mark verwendet und in Italien die Lira. In Nordamerika wird mit Dollar gezahlt, in Japan mit Yen. ⇨ Maßeinheiten ⇨ Geld

1 Schon vor ungefähr 1 Million Jahren verwendeten die Menschen den Faustkeil. 2 Man vermutet, dass vor ungefähr 6000 Jahren in Mesopotamien das erste Rad gebaut wurde. 3 Die Chinesen erfanden vor 1000 Jahren das Schießpulver. 4 Johannes Gutenberg baute 1450 die erste Druckerpresse mit beweglichen Lettern. 5 Die erste Dampfmaschine wurde von Thomas Newcomen konstruiert. James Watt verbesserte sie 1782, sodass sie in der Industrie eingesetzt werden konnte. 6 Die Gebrüder Montgolfier unternahmen 1783 den ersten bemannten Ballonflug. 7 Benjamin Franklin entwickelte 1752 den Blitzableiter. 8 Anfang des 19. Jhs. arbeiteten verschiedene Ingenieure an ersten dampfbetriebenen Lokomotiven, einer davon war George Stephenson. 1825 eröffnete er die erste öffentliche Eisenbahnlinie. 9 Louis Daguerre entwickelte 1837 die erste Fotokamera.

10 Ende des 19. Jhs. experimentierte man viel mit Elektrizität. Durch elektrisches Licht wollte man zum Beispiel Städte beleuchten. Die erste praktisch nutzbare Glühbirne produzierte dann Thomas Alva Edison ab 1880. **11** Carl Friedrich Benz baute 1885 das erste Automobil mit Verbrennungsmotor. **12** Emil Berliner erfand 1887 das Grammophon. **13** Otto Lilienthal gelang 1891 mit seinem Gleitflieger erstmals der freie Flug über längere Strecken. **14** Auguste und Louis Lumière zeigten 1895 mit dem Kinematographen den ersten Film. **15** John Logie Baird gilt als der Erfinder des Fernsehens. **16** Die ersten Computer waren der Z3 von Konrad Zuse (1941) und der ENIAC, der Mitte der 1940er Jahre an der University of Pennsylvania entwickelt wurde. **17** Das Internet entstand ungefähr 1990. Es ist ein weltweites Netz, das Computer miteinander verbindet. ⇨ Erfindungen

Zum Schreiben benutzt man heute oft einen Computer. Der Text wird über die Tastatur eingetippt. Er erscheint auf dem Bildschirm und wird im Rechner gespeichert. Der Scanner fotografiert Bilder, die man dann auf dem Bildschirm anschauen kann. Mit dem Drucker kann man Texte und Bilder auf Papier ausdrucken. Über das Internet ist der Computer weltweit mit anderen Computern verbunden. Elektronische Nachrichten, E-Mails, lassen sich empfangen und versenden. Tablets sind handliche kleine Computer mit einem Touchscreen. Das heißt, man kann sie durch Berührung mit dem Finger bedienen. Das Telefon verbindet die Menschen in aller Welt. Mit einem Handy oder Smartphone kann man auch unterwegs telefonieren und SMS, Kurznachrichten, schreiben oder Fotos verschicken. Briefe und Pakete bringt die Post oder ein Paketdienst.

1 Tageszeitungen informieren uns über neue Ereignisse bei uns und auf der ganzen Welt, über Politik, Wirtschaft, Kultur und Sport. Damit wir immer die neuesten Informationen lesen können, schreiben Journalisten jeden Tag Artikel. **2** Anschließend wird die Zeitung gedruckt. Große Druckmaschinen können in wenigen Stunden mehrere Hunderttausend Exemplare fertigstellen. **3** Im Fernsehen werden mehrmals am Tag die neuesten

Nachrichten ausgestrahlt. Ein Sprecher liest die Meldungen vor und Reporter berichten von Ereignissen aus aller Welt. Sie sind mit Kamerateams unterwegs und schicken ihre Filme an Fernsehsender und Online-Portale. **4** Das Fernsehprogramm wird vom Fernsehturm ausgestrahlt. Wir empfangen es über eine Antenne oder Satellitenantenne auf dem Dach oder über unterirdisch verlegte Kabel. ⇨ Medien und Computer

Unterwegs

Wie das Rad erfunden wurde

1 Bevor die Menschen das Rad kannten, benutzten sie Baumstämme oder Schlitten zum Transport schwerer Steine. **2** Aber bereits um 4000 v. Chr. gab es Räder aus Holzscheiben, zum Beispiel in Mesopotamien, dem heutigen Irak, sowie in Mittel- und Osteuropa. **3** Zweiachsige Wagen mit vier Rädern wie der sumerische Kriegswagen aus der Zeit um 2500 v. Chr. hatten keine bewegliche Vorderachse und waren daher schwer

lenkbar. **4** In der Bronzezeit, ca. 2000 bis 800 v. Chr., wurden zum ersten Mal Speichenräder gebaut. Das zeigt der Sonnenwagen von Trundholm – eine berühmte bronzezeitliche Skulptur. **5** Außer zum Transport wurden Wagen auch zur Kriegsführung entwickelt. Einachser wie der Prunkwagen des ägyptischen Königs Tutenchamun, der ungefähr 1300 v. Chr. gebaut wurde, waren schnell und wendig. **6** In der Eisenzeit um

800 v. Chr. gab es bereits zweiachsige Wagen mit Lenkung, Speichen und Felgen. **7** Als die Römer ab 200 v. Chr. ihr Weltreich ausbauten, brauchten sie stabile und große Streitwagen. **8** In der Folgezeit wurden die Wagen immer stabiler und bequemer. Man verwendete sie als Transportmittel für Waren, wie etwa den Pferdewagen aus dem 13. Jahrhundert, und **9** als Reisekutschen für Adlige. **10** In Amerika wurden im 19. Jh. Postkutschen eingesetzt, die Passagiere und Waren über weite Entfernungen transportierten. **11** 1817 erfand Karl Drais die Draisine, das erste Laufrad. **12** Siebzig Jahre später, 1886, baute der Deutsche Carl Friedrich Benz einen Motor in eine Kutsche ein. Das Auto war erfunden. **13** Bald wurden schnittige Sportwagen wie der Mercedes 300 SL Roadster gebaut. **14** Heute gibt es gigantische Lastwagen, deren Räder größer sind als ein Mensch. ⇨ Rad

Wer von einem Ort zu einem anderen reisen möchte, braucht einen Weg oder eine Straße. Zuerst gab es nur Trampelpfade, die dadurch entstanden, dass viele Menschen immer wieder denselben Weg benutzten. Aber wenn es regnete, wurden die Pfade schlammig und die Fortbewegung mühsam. Schon vor 4000 Jahren bauten die Mesopotamier im Zweistromland, dem heutigen Irak, die erste mit Stein gepflasterte Straße.

Zur Zeit des Römischen Weltreiches, vor ungefähr 2000 Jahren, war Europa von vielen befestigten Straßen durchzogen, die von den Römern für ihre Heerestruppen angelegt worden waren. Straßen sind aber auch wichtige Handelswege. Die Seidenstraße, die vom Mittelmeer bis nach China führte, diente dem Transport von Seide nach Europa. Umgekehrt wurden Glas- und Edelmetallwaren nach China gebracht. Heute sind die

Verkehrswege fast überall gut ausgebaut. Vierspurige Autobahnen erlauben eine schnelle Reise über große Entfernungen. Sie führen über Brücken und durch Tunnel, damit die Strecken möglichst direkt verlaufen und wenig Kurven haben. An ausgeschilderten Abfahrten kann man die Autobahn verlassen und auf eine Landstraße wechseln, die zu einer Stadt oder zu einem Dorf führt. Bequemer ist die Reise mit dem Zug. Es gibt keine Staus und man muss nicht auf den Verkehr achten. Besonders wichtig sind die Verkehrswege für den Gütertransport. Lastwagen bringen ihre Ladung über Straßen an entfernte Orte. Lange Güterzüge transportieren Waren aller Art von einem Bahnhof zum anderen. Auf den großen Flüssen fahren auch schwere Lastschiffe. Vor allem der Gütertransport auf den Straßen nimmt von Jahr zu Jahr zu. ⇨ Straßen

Autos und Lastwagen

1885/1886 baute der Ingenieur Carl Friedrich Benz das erste moderne Auto, ein motorisiertes Dreirad mit Verbrennungsmotor. Kurz danach stellte er seinen ersten vierrädrigen Kraftwagen vor, den Benz Victoria. Schnell wurden mehr und bessere Autos entwickelt. Aber sie waren teuer und kaum jemand konnte sie sich leisten. Erst als der Amerikaner Henry Ford sein Modell T baute und die Fließbandproduktion einführte, konnten sich viele Menschen ein Auto kaufen. Heute sind Autos weit verbreitete, schnelle und sichere Fortbewegungsmittel. Es gibt neben den viersitzigen Personenkraftwagen schnittige Sportwagen, geräumige Kombis, offene Cabrios und Kleinwagen wie den Smart. Bei Familien beliebt sind die Minivans mit viel Platz für Kinder und Gepäck. Für den Transport von Gütern gibt es Transporter und Lastwagen. PKWs haben entweder einen Benzin-

oder Dieselmotor. Manche PKWs fahren auch mit Gas oder werden elektrisch angetrieben. Lastwagen haben meist Dieselmotoren. Historische Kraftwagen: **1** Motorisiertes Dreirad von Carl Friedrich Benz, 1886. **2** Benz Victoria, 1893. **3** Ford Modell T, 1908. **4** Cadillac, 1920. **5** VW Käfer, 1950. **6** Fiat Nuova 500, 1957.
Moderne Autos: **7** Smart **8** VW Golf **9** Citroën Minivan **10** Mercedes S-Klasse **11** Maybach von Daimler Chrysler

12 BMW **13** Porsche **14** Ferrari **15** Ford mit Wohnwagen **16** Saab Cabrio mit Bootsanhänger **17** Toyota Landcruiser **18** Mitsubishi Pickup **19** Fiat Multipla mit Gasantrieb **20** Elektroauto **21** Campingmobil **22** Pannentransporter **23** Unimog **24** Volvo Kombi **25** Tanklastzug **26** Langholztransporter **27** Autotransporter **28** Schwertransporter mit Bagger **29** Abschleppwagen **30** Müllwagen **31** Reisebus ⇨ Kraftwagen

Schon vor der Erfindung der Dampflok gab es Wagen auf Schienen, die von Menschen oder Pferden gezogen wurden. Die Rocket (1829) von George Stephenson zählte zu den ersten dampfbetriebenen Lokomotiven. Von Stephenson kam auch die Adler. Sie war die erste regelmäßig verkehrende Lokomotive, die in Deutschland eingesetzt wurde. Sie fuhr von Nürnberg nach Fürth. Die amerikanische Lokomotive Thatcher Perkins hatte vorne einen „Kuhfänger", mit dem sie Bisons von den Schienen schieben konnte, wenn sie durch die Prärie fuhr. Später wurden die Lokomotiven mit Dieselmotoren ausgerüstet und bald kamen die ersten Elektrolokomotiven. Heute erreichen Hochgeschwindigkeitszüge wie der ICE, der TGV und der Shinkansen ein Tempo von 300 km/h und mehr. Der Eurostar fährt von Frankreich nach England durch den Tunnel unter dem Ärmelkanal.

Historische Lokomotiven: **1** Rocket von Stephenson, England 1829. **2** Adler, Deutschland 1835. **3** Thatcher Perkins Nr. 1 1 7, USA 1863. **4** Bourbonnais, Frankreich ab 1854. **5** Shunter 13002, England 1952. **6** Lokomotive FEF 3835 der Union Pacific, USA 1944. **7** Dampflokomotive mit Stromlinienverkleidung, Deutschland um 1940. **8** Dampflok BR 39 254, Deutschland 1922. Moderne Lokomotiven und Züge: **9** Diesellok V 200, Deutschland. **10** MAN-Schienenbus, Deutschland. **11** TEE mit Aussichtswagen, Europa. **12** Elektrolok Rhätisches Krokodil, Schweiz. **13** Diesellok BR 240, Deutschland. **14** Regionalbahn, Deutschland. **15** Diesel-Rangierlok V 60, Deutschland. **16** TGV, Frankreich. **17** ICE, Deutschland. **18** Shinkansen, Japan. **19** Eurostar, England und Frankreich. **20** Pendolino, Italien. **21** Transrapid, China. ⇨ Eisenbahn

Mit dem Zug zu fahren ist bequem und man kommt schnell ans Ziel. Vor der Reise informiert man sich über die Abfahrts- und Ankuftszeiten. Das geht am schnellsten über die Bahnauskunft am Telefon oder über das Internet. Auf manchen Strecken muss man umsteigen, denn die Schnellzüge fahren nur von einer großen Stadt zur anderen. Um in eine kleinere Stadt zu gelangen, muss man in eine Regionalbahn wechseln.

1 Im Reisezentrum am Bahnhof, an einem Fahrkartenautomaten oder bequem von zu Hause übers Internet kauft man sich eine Fahrkarte. Man kann zwischen 1. und 2. Wagenklasse wählen. In der ersten Klasse, die teurer ist, hat man etwas mehr Platz. **2** Im Bahnhof hängen Fahrpläne aus. Dort kann man sehen, wann und an welchem Gleis der Zug abfährt. Über Lautsprecher wird bekannt gegeben, wenn der Zug Verspätung hat.

Außerdem steht es auf der Tafel an dem Gleis, von dem der Zug abfährt. **3** In vielen Bahnhöfen sind alle diese Informationen auch auf einer großen Tafel zu lesen. Wer viel Gepäck dabei hat, nimmt einen Gepäckwagen. **4** An Kiosken und in Geschäften kann man Reiseproviant und Reiselektüre kaufen. Im Zug kontrolliert der Zugbegleiter die Fahrkarten. Er informiert auch über Verspätungen und hilft den Reisenden, wenn es nötig ist. Für Smartphones, Tablets oder Notebooks gibt es in vielen Zügen einen drahtlosen Internetzugang. Manche Züge haben einen Speisewagen oder ein Bistro, in denen man etwas zu essen und zu trinken bekommt. Züge, die nachts fahren, haben Schlaf- oder Liegewagen. Im Autoreisezug kann man sogar sein Auto mitnehmen. Das Auto wird auf einen Güterwagen verladen und die Fahrgäste reisen bequem im Abteil. ⇨ Eisenbahn

Wer in großen Städten nicht zu Fuß gehen möchte, benutzt die öffentlichen Verkehrsmittel. **1** Früher gab es in vielen Städten noch Straßenbahnen. Sie fahren auf Schienen und werden von einem Elektromotor angetrieben. Über eine Oberleitung erhalten sie Strom. Weil sie den Autoverkehr behinderten, wurden die Straßenbahnen in vielen Städten abgeschafft. **2** Ein anderes öffentliches Verkehrsmittel sind Linienbusse. Sie haben

Haltestellen, an denen man zusteigen und aussteigen kann. Am Bahnhof befindet sich häufig ein Busbahnhof, von dem aus die Busse in die unterschiedlichsten Richtungen fahren. Anstelle der Straßenbahnen wurden in vielen Städten Untergrundbahnen gebaut. **3** U-Bahnen fahren unterirdisch in einem weit verzweigten System von Tunneln und stören deshalb den Verkehr auf der Straße nicht. Die elektrisch betriebenen Züge haben

mehrere Wagen und können bis zu 100 km/h schnell fahren. **4** Stadtschnellbahnen, S-Bahnen genannt, verkehren meist überirdisch über größere Entfernungen und sind schneller als U-Bahnen. Sie verbinden das Stadtzentrum mit den nahe gelegenen Ortschaften. Alle öffentlichen Verkehrsmittel haben einen Fahrplan, sodass man genau weiß, wann sie an den Haltestellen ankommen. Sie verkehren auf festgelegten Strecken und haben eine Nummer. An Verkehrsknotenpunkten treffen sich mehrere Linien und man kann umsteigen. An unterirdischen Stationen der U-Bahn und S-Bahn gibt es manchmal Einkaufspassagen mit Geschäften, Imbissbuden und Fahrkartenschaltern. Wer ein öffentliches Verkehrsmittel benutzt, braucht eine Fahrkarte. Man kann sie am Schalter oder an einem Automaten kaufen. ⇨ Nahverkehr

Die ersten Bootstypen waren Baumstämme oder Schilf-bündel, auf denen sich die Menschen im Wasser trei-ben ließen. Danach wurden Einbäume, ausgehöhlte Baumstämme, zum Befahren des Wassers benutzt. Um mehr Menschen und Waren transportieren zu können, brauchte man größere Wasserfahrzeuge. Vor 6000 Jah-ren bauten die Ägypter große Boote aus Schilfbündeln. Bald begann man, die Kraft des Windes zu nutzen und

stattete die Boote mit Segeln aus. Sie wurden immer größer und schneller und erhielten Rümpfe aus Holz. Um 1500 v. Chr. besegelten die Phönizier das gesamte Mittelmeer, ebenso wie nach ihnen die Griechen und Römer. Etwa 900 n. Chr. segelten die Wikinger mit ihren Drachenschiffen über Grönland nach Nordamerika und 1492 überquerte Kolumbus mit drei Segelschiffen den Atlantik und landete in Amerika. Immer größere und

schnellere Segelschiffe wurden gebaut. Dann ersetzte der Antrieb mit Dampfmaschinen die Segel. Heute haben die allermeisten Schiffe Dieselmotoren und manche sind Hunderte Meter lang. Historische Wasserfahrzeuge: **1** Schilfboot, Ägypten, 4000 v. Chr. **2** Auslegerboot, Polynesien, um 3000 v. Chr. **3** Schilffloß aus dem Mittelmeerraum, 2000 v. Chr. **4** Phönizische Galeere, 850 v. Chr. **5** Griechische Triere, 700 v. Chr. **6** Römische Galeere, 50 n. Chr. **7** Normannisches Drachenschiff, 900 n. Chr. **8** Deutsche Kogge, um 1300 **9** Spanische Karavelle, um 1450 **10** Englischer Dreimaster, um 1700 **11** US-amerikanischer Klipper, 19. Jh. **12** Great Eastern, Dampfschiff mit Segeln, 1858 **13** Raddampfer, 19. Jh. **14** Titanic, 1912. Moderne Schiffe: **15** Kreuzfahrtschiff **16** Flugzeugträger **17** Luftkissenboot **18** U-Boot **19** Tragflächenboot ⇨ Schiffe und Boote

Große Schiffe brauchen einen Hafen, in dem sie am Kai anlegen können. Eine Mole aus Stein trennt den Hafen vom Meer und schützt die Schiffe im Hafenbecken. Leuchttürme am Hafeneingang weisen den Schiffen in der Nacht den Weg. Die Schiffe dürfen im Hafenbecken nur sehr langsam fahren. Sie würden sonst zu große Wellen verursachen, die die Hafenmauern oder andere Schiffe beschädigen könnten. **1** Sehr große Schiffe

werden mit einem Schlepper ins Hafenbecken gezogen und an den Kai bugsiert. **2** Im Passagierhafen hat ein großer Dampfer festgemacht. Über die Gangway gelangen die Fahrgäste auf das Schiff. Ein Ozeanriese wie dieser ist wie eine kleine Stadt. Auf mehreren Stockwerken gibt es Schlafkabinen, Speise- und Tanzsäle, Geschäfte und kleine Kinos. Man findet sogar einen Friseur, eine Apotheke und eine Poststelle. An Deck gibt es oft einen

großen Swimmingpool. Abends kann man zu einer Tanz-veranstaltung oder ins Kino gehen. **3** Wer vom Festland auf eine Insel übersetzen möchte, benutzt häufig eine Fähre. Die Fähre kann auch Fahrzeuge transportieren. Durch ein großes Tor fahren die Autos in das Autodeck. **4** Im Frachthafen kommen Containerschiffe aus aller Welt an. Hier werden sie entladen. Kräne heben die Con-tainer vom Schiff auf Lastwagen oder Güterzüge. Weil

die Liegegebühren im Hafen für große Schiffe sehr teuer sind, muss alles sehr schnell gehen. **5** Auf dem Trocken-dock werden die Schiffe repariert und erhalten einen neuen Anstrich. **6** Fischerboote legen im Fischereihafen an. Wenn sie am frühen Morgen vom Fang zurück-kommen, stehen Lastwagen bereit, um die Ladung in Empfang zu nehmen. **7** Der Sporthafen ist für private Segel- und Motorboote reserviert. ⇨ Schiffe und Boote

Vor mehr als 200 Jahren gelang es den Brüdern Montgolfier, mit ihrem Heißluftballon als erste Menschen die Erde mit einem Flugapparat zu verlassen. Damit war der Traum vom Fliegen wahr geworden. Zuerst gab es nur Gleitflieger ohne eigenen Antrieb, dann kamen Luftschiffe und kleine Flugzeuge mit Motor. Die Luftschiffe des Grafen Zeppelin waren große, gasgefüllte Gebilde, die einer riesigen Zigarre glichen. Sie wurden mit

mehreren Motoren angetrieben. Die Fluggäste waren in einer kleinen, bequem eingerichteten Gondel unterhalb des Rumpfs untergebracht. Danach kamen die ersten Motorflugzeuge und es gelang Charles Lindbergh, ohne Zwischenlandung den Atlantik zu überqueren. Dann wurden die Flugzeuge immer größer und schneller. Anstelle der Propeller erhielten sie einen Düsenantrieb, und heute kann man den Atlantik in wenigen Stunden

Aus einer griechischen Sage: Ikarus mit Flügeln aus Wachs

Flugapparat nach Zeichnungen von Leonardo da Vinci

Gleitschirmflieger

Drachenflieger

Segelflugzeug

Fallschirmspringer

überqueren. Ein Flug von Hamburg nach New York dauert ungefähr 6 bis 7 Stunden. Im Flugzeug gibt es bequeme Sitze und bei Langstreckenflügen Filmvorführungen. Die Stewardessen servieren Speisen und Getränke. Für Passagiere der 1. Klasse stehen sogar Liegesitze und eine Bar zur Verfügung. Historische Flugobjekte: **1** Heißluftballon der Brüder Montgolfier, 1783 **2** Zigarrenförmiger Ballon von Henri Giffard, 1852

3 Gleitflieger von Otto Lilienthal, 1891 **4** Luftschiff LZ 1 von Graf Zeppelin, 1900 **5** Doppeldecker der Gebrüder Wright, 1903 **6** Spirit of Saint Louis von Charles Lindbergh, 1927 **7** Luftschiff LZ 127 von Graf Zeppelin, 1928 **8** Flugboot Do X von Dornier, 1929 **9** Ju 52 von Junkers, 1932 **10** Boeing 747, 1969. Moderne Flieger: **11** Airbus A 340 **12** Sportflugzeug von Piper **13** Learjet **14** Helikopter **15** Wasserflugzeug **16** Airbus A 380 ⇨ Flugzeuge

Wenn sich ein Flugzeug dem Flughafen nähert, nimmt der Kapitän per Funk Kontakt mit **1** dem Kontrolltower auf. Dort arbeiten die Fluglotsen und überwachen den gesamten Flugverkehr im Luftraum. Sie geben die Start- und Landebahnen frei. Nach der Landung wird das Flugzeug an den **2** Terminal gelotst. Sind alle Terminals belegt, steigen die Passagiere über **3** die Gangway aus und werden mit einem Bus zur Empfangshalle gefahren.

Wenn alle Passagiere ausgestiegen sind, wird das Flugzeug gereinigt und für den nächsten Flug vorbereitet. Tankwagen betanken die Maschine. Ein Lieferwagen bringt Essen und Getränke. Der Frachtraum wird mit Gütern und Gepäck beladen. Neue Passagiere treffen am Flughafen ein. Sie legen am Schalter ihr Ticket vor und bekommen eine Sitznummer. Das große Gepäck wird aufgegeben, nur Handgepäck darf ins Flugzeug

mitgenommen werden. Dann gehen die Passagiere durch die Sicherheitskontrolle in den Warteraum. Sie werden überprüft, damit keine gefährlichen Gegenstände an Bord des Flugzeuges gelangen. Wenn das Flugzeug bereit ist, werden die Fluggäste aufgerufen und können das Flugzeug nun über die Fluggastbrücke betreten. Hier nehmen sie ihre Plätze ein. Inzwischen ist ihr Gepäck im Laderaum verstaut worden. **4** Ein Spezial-

fahrzeug zieht das Flugzeug aus der Parkbucht. Vor der Startbahn wartet es auf das Signal des Towers. Dann darf es starten. Wenn ein Flugzeug repariert werden muss, wird es in den **5** Hangar gezogen. Dort überprüfen Mechaniker alle wichtigen Teile und tauschen aus, was defekt ist. Passagierflugzeuge werden regelmäßig überprüft. **6** Ein kleiner Teil des Flughafens ist für Privatflugzeuge und Hubschrauber reserviert. ⇨ Flugzeuge

Das erste Lebewesen, das in den Weltraum flog, war die Hündin Laika, die 1957 mit dem sowjetischen Erdsatelliten Sputnik 2 die Erde umkreiste. Jetzt wusste man, dass ein Leben im Weltraum möglich war. Das erste Ziel der Menschen war der Mond. Er wurde von einer Mondsonde aus fotografiert. Nachdem der Russe Juri Gagarin als erster Mensch in einem Raumschiff die Erde umkreist hatte, wagten die Amerikaner die

Mondlandung. Neil Armstrong war der erste Mensch, der seinen Fuß auf den Boden des Mondes setzte. Er landete mit der Mondfähre Eagle im sogenannten Meer der Ruhe. Es begann ein neues Kapitel in der Raumfahrt. Amerikaner und Russen transportierten mit Spaceshuttles Raumstationen in den Weltraum, die zur Beobachtung der Erde und des Weltalls dienen. In einer Raumstation können heute speziell ausgebildete

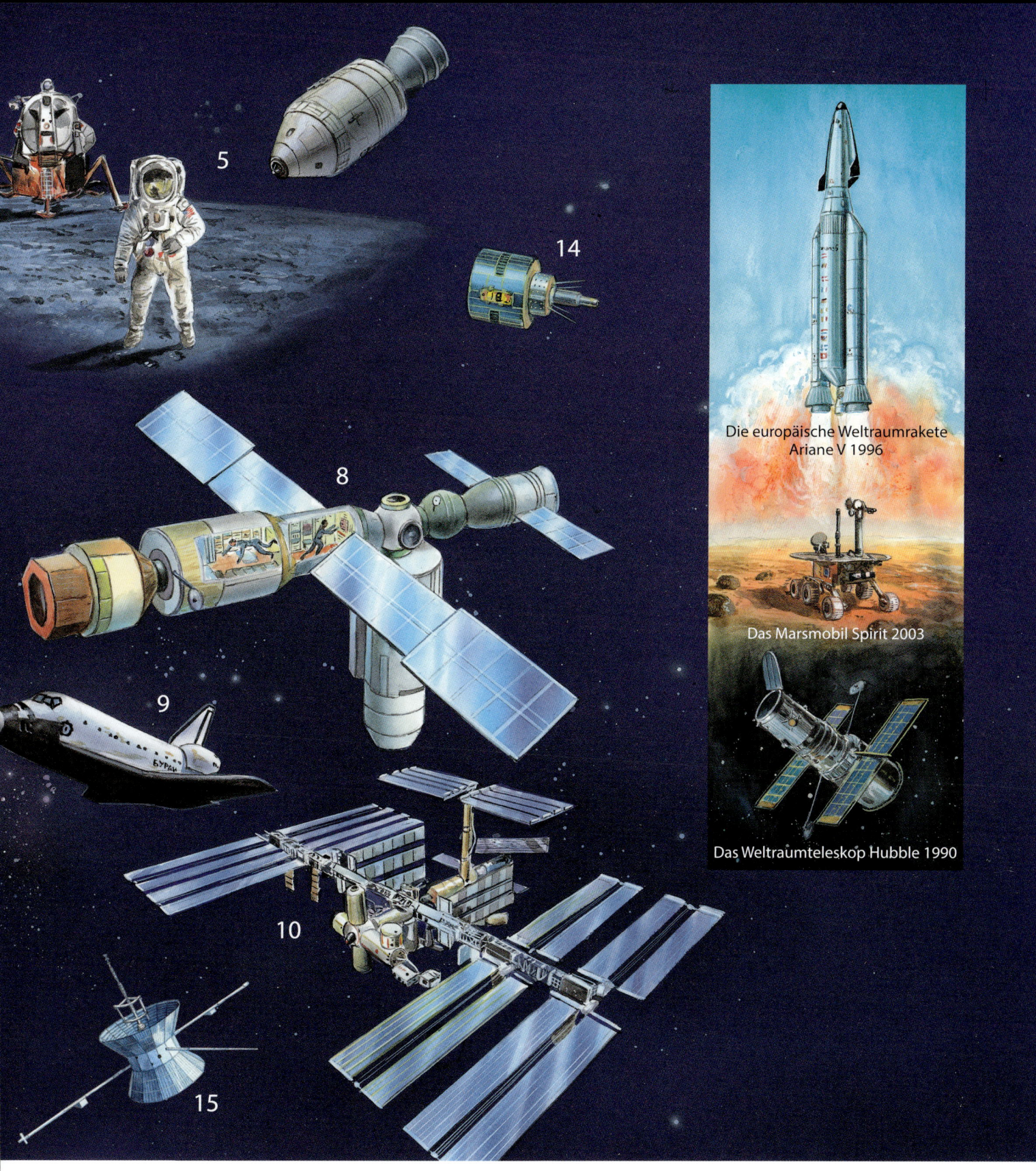

Die europäische Weltraumrakete
Ariane V 1996

Das Marsmobil Spirit 2003

Das Weltraumteleskop Hubble 1990

Astronauten mehrere Monate lang leben und forschen. Sie müssen keine Raumanzüge tragen. Über eine Luftschleuse können sie in Schutzanzügen in den Weltraum aussteigen. **1** Sputnik 2 mit der Hündin Laika an Bord, Sowjetunion 1957. **2** Die Mondsonde Luna 3 macht Aufnahmen vom Mond, Sowjetunion 1959. **3** Wostok 1 mit Juri Gagarin als erstem Menschen im Weltraum, Sowjetunion 1961. **4** Mariner 2 auf dem Weg zur Venus, USA 1962. **5** Die erste Mondlandung mit Apollo 11, USA 1969. **6** Spaceshuttle Challenger, USA 1983. **7** Spaceshuttle mit aufgeklappter Ladebucht bei einem Einsatz im All. **8** Die sowjetische Raumstation Mir, Sowjetunion 1986. **9** Spaceshuttle Buran, Sowjetunion 1988. **10** Internationale Raumstation ISS, seit 1998. **11** Intelsat IV **12** Nachrichtensatellit **13** Wettersatellit **14** Navigationssatellit **15** Sonnensonde Helios ⇨ Raumfahrt

Unsere Erde

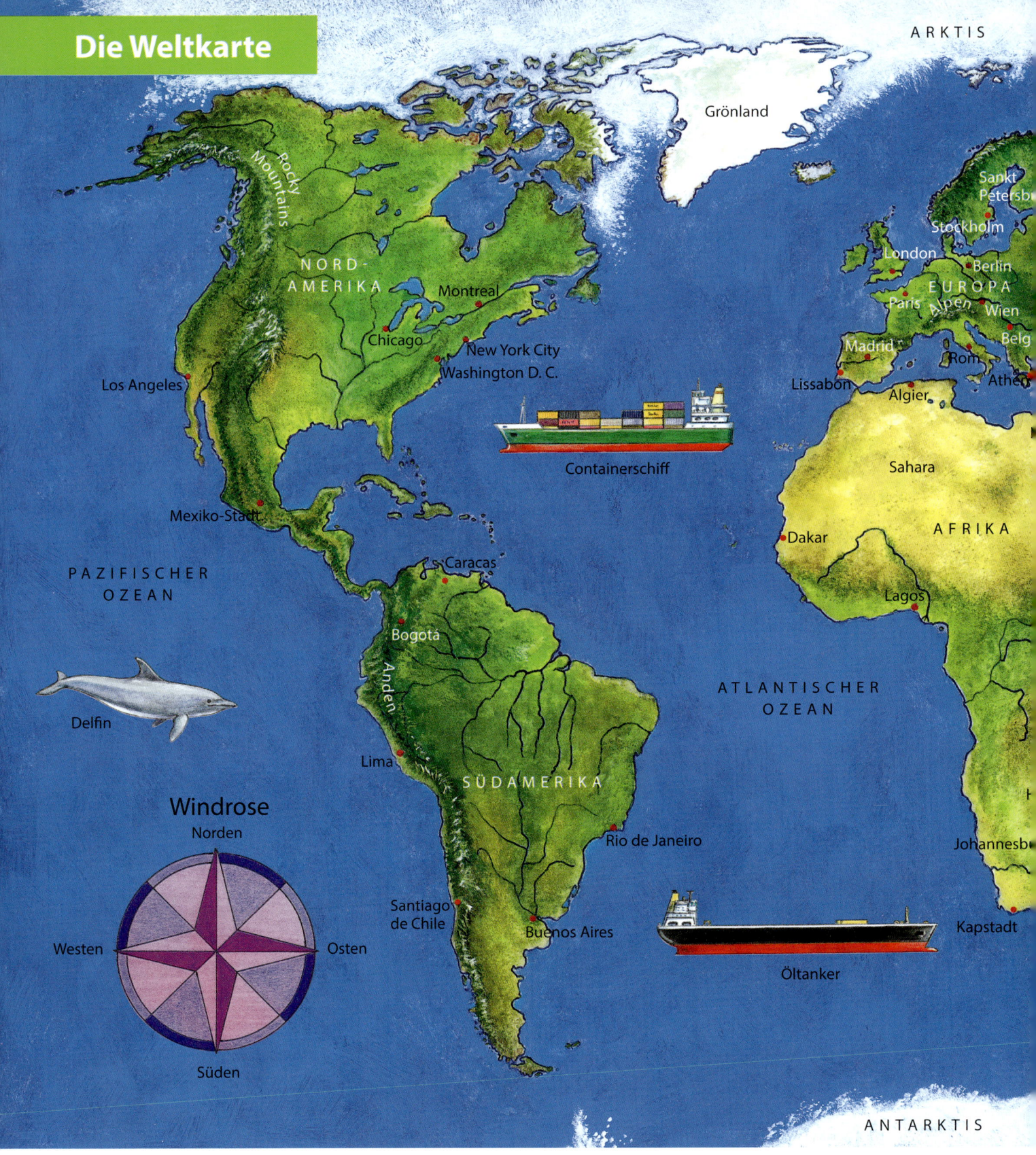

ARKTIS

Grönland

Rocky Mountains

NORD-AMERIKA

Montreal

Chicago

New York City

Washington D. C.

Los Angeles

Sankt Petersb

Stockholm

London

Berlin

EUROPA

Paris

Alpen

Wien

Madrid

Belg

Rom

Athe

Lissabon

Algier

Mexiko-Stadt

Caracas

Containerschiff

Sahara

AFRIKA

Dakar

Lagos

PAZIFISCHER OZEAN

Bogotá

Anden

ATLANTISCHER OZEAN

Delfin

Lima

SÜDAMERIKA

Johannesb

Windrose

Norden

Rio de Janeiro

Santiago de Chile

Buenos Aires

Kapstadt

Westen

Osten

Öltanker

Süden

ANTARKTIS

Die Erde ist eine Kugel (lateinisch: Globus). Wenn man sich eine Achse durch die Erde vorstellt, um die sich die Erde dreht, dann liegt am oberen Ende der Achse der Nordpol und am unteren Ende der Südpol. Damit man die Orte auf der Erde genau bestimmen kann, hat man den Globus in Längen- und Breitengrade unterteilt. Die Längengrade verlaufen vom Nord- zum Südpol und die Breitengrade quer über die Erdkugel. Den Breitengrad,

der um die Mitte der Erde verläuft, nennt man Äquator. Er hat eine Länge von ungefähr 40 000 Kilometern. Es gibt vier Himmelsrichtungen auf der Erde: oben ist Norden, unten ist Süden, rechts ist Osten und links ist Westen. Der größte Teil der Oberfläche unserer Erde ist mit Wasser bedeckt. Die drei großen Weltmeere heißen Pazifischer Ozean, Atlantischer Ozean und Indischer Ozean. Die Landmassen der Erde nennt man Erdteile

Globus

Breitengrade

Äquator

Längengrade

ASIEN

Ural

oskau

Wüste Gobi

Peking

Teheran

Seoul

Tokio

Bagdad

Himalaja

Shanghai

Kuwait

Neu-Delhi

Chongqing

Kalkutta

Riad

Hongkong

Mumbai

Bangkok

Manila

ddis Abeba

Ho-Chi-Minh-Stadt

Mogadischu

Singapur

INDISCHER
OZEAN

Jakarta

PAZIFISCHER
OZEAN

Hai

Madagaskar

AUSTRALIEN

Sydney

Melbourne

Neuseeland

Wellington

Kreuzfahrtschiff

oder Kontinente. Es gibt davon sieben: Asien, Afrika, Nordamerika, Südamerika, Australien, Europa und die Antarktis. Im Norden, in der Arktis, und im Süden, in der Antarktis, ist es am kältesten. In der Mitte, am Äquator, liegen die heißesten Gebiete der Erde. Dazwischen ist das Klima eher gemäßigt. Die höchsten Erhebungen auf den Kontinenten sind die Gebirge. Große Gebirge sind zum Beispiel die Rocky Mountains in Nordamerika,

die Anden in Südamerika, die Alpen in Europa, das Uralgebirge und der Himalaja in Asien. Der Himalaja ist das mächtigste Gebirge der Welt. Sein höchster Berg, der Mount Everest, ist 8846 Meter hoch. Auf der Erde leben zur Zeit etwa 7,2 Milliarden Menschen. Jährlich kommen etwa 78 Millionen Menschen hinzu. In jeder Sekunde werden auf der Welt also zwei Menschen geboren.
⇨ Kontinente

Die Kantone der Schweiz:

Zürich	St. Gallen
Bern	Graubünden
Luzern	Aargau
Uri	Thurgau
Schwyz	Tessin
Obwalden*	Waadt
Nidawalden*	Wallis
Glarus	Neuenburg
Zug	Genf
Freiburg	Jura
Solothurn	
Basel-Stadt*	
Basel-	
Landschaft*	
Schaffhausen	
Appenzell	
Innerrhoden*	
Appenzell	
Ausserrhoden*	

*Halbkantone

In Deutschland leben ungefähr 81 Millionen Menschen. Insgesamt gibt es 16 Bundesländer. Die Hauptstadt Deutschlands ist Berlin. Hier hat die Regierung ihren Sitz. Im Norden von Deutschland liegen die Nordsee und die Ostsee. Hier ist das Land sehr flach. In der Mitte ist das Land gebirgig und mit Wald bedeckt. Im Süden grenzt Deutschland an die Alpen. Hier liegt der höchste Berg Deutschlands, die Zugspitze. Sie ist 2962 Meter hoch. Der Regierungssitz der Schweiz ist Bern. In den 26 Kantonen des Landes leben ungefähr 8 Millionen Menschen. In der Schweiz spricht man vier verschiedene Sprachen: Deutsch im Norden, Französisch im Westen, Italienisch im Süden und Rätoromanisch im Osten. Österreich hat ungefähr 8,5 Millionen Einwohner und besteht aus 9 Bundesländern. Die Hauptstadt Österreichs ist Wien.

1 Der Hamburger Hafen ist der wichtigste Seehafen in Deutschland. Schiffe aus aller Welt legen hier an, um ihre Waren auszuladen. Mit Schleppern werden die Ozeanriesen in das Hafenbecken gezogen. **2** Rügen ist die größte Insel Deutschlands und liegt in der Ostsee. Die Kreidefelsen an der Inselküste sind bis zu 100 Meter hoch. Sie entstanden aus Kalkablagerungen urzeitlicher Meerestiere. **3** Das bayerische Alpenvorland ist ein beliebtes Urlaubsgebiet. **4** Das Ruhrgebiet in Nordrhein-Westfalen ist ein großes Industriezentrum. Hier gibt es Stahlwerke und es wird Steinkohle abgebaut. **5** Die Hauptstadt Österreichs ist Wien. Das Wahrzeichen der Stadt ist der Stephansdom. **6** Die Schweiz ist ein Land mit vielen Bergen und Seen. Das Matterhorn ist einer der berühmtesten und beeindruckendsten Gipfel der Welt. Es ist 4478 m hoch. ⇨ Deutschland ⇨ Österreich ⇨ Schweiz

Die Länder Europas:

01	Island	22	Österreich
02	Norwegen	23	Tschechien
03	Schweden	24	Slowakei
04	Finnland	25	Ungarn
05	Russland	26	Ukraine
06	Estland	27	Kasachstan
07	Lettland	28	Moldawien
08	Litauen	29	Rumänien
09	Weißrussland	30	Bulgarien
10	Polen	31	Türkei
11	Deutschland	32	Griechenland
12	Dänemark	33	Albanien
13	Großbritannien	34	Mazedonien
14	Irland	35	Kosovo
15	Niederlande	36	Serbien
16	Belgien	37	Montenegro
17	Luxemburg	38	Bosnien und
18	Frankreich		Herzegowina
19	Spanien	39	Kroatien
20	Portugal	40	Slowenien
21	Schweiz	41	Italien

Zwergstaaten:

Andora
Liechtenstein
San Marino
Vatikanstadt
Monaco
Malta

Der europäische Kontinent ist an drei Seiten von Wasser umgeben: im Norden vom Europäischen Nordmeer (die Nord- und die Ostsee), im Westen vom Atlantik und im Süden vom Mittelmeer. Im Osten gehören Teile von Russland und der Türkei zu Europa. 28 Staaten haben sich bis heute zur Europäischen Union (EU) zusammengeschlossen, darunter Deutschland und Österreich. Der Sitz des Europaparlaments ist in Straßburg.

Die Mitglieder der EU besprechen im Europaparlament Dinge, die für alle diese Länder wichtig sind, und entscheiden gemeinsam. Alle fünf Jahre wählen die Bürger der EU die Abgeordneten dieses Parlaments. Viele der EU-Staaten haben die Grenzkontrollen abgeschafft und man kann ungehindert von einem Land ins andere reisen. In den meisten Staaten der EU gibt es heute eine gemeinsame Währung, den Euro.

1 Die Länder Norwegen, Finnland und Schweden nennt man auch Skandinavien. Im Gegensatz zu Mittel- und Südeuropa ist Skandinavien nur dünn besiedelt. Überall gibt es große Waldgebiete und viele Seen. **2** London ist die Haupstadt Großbritanniens. Die Glocke der Turmuhr im Parlamentsgebäude wird Big Ben genannt. **3** Das Atomium in Brüssel wurde zur Weltausstellung 1958 gebaut. Es hat die Form eines riesigen Eisenkristalls.

4 Flamenco ist in Spanien ein beliebter Volkstanz. **5** Der Eiffelturm, das Wahrzeichen von Paris, ist etwa 300 Meter hoch. Von der obersten Plattform hat man einen Blick über die ganze Stadt. **6** Der Karneval in Venedig wird schon seit mehr als 800 Jahren gefeiert. **7** Die Schweizer Alpen sind ein beliebtes Wander- und Wintersportgebiet. **8** Paprika wird in Ungarn an Gestellen zum Trocknen aufgehängt. ⇨ Europa

Asien ist der größte Kontinent der Erde. Man nennt die einzelnen Teile Vorderasien (Türkei, Zypern, arabische und andere Staaten), Nordasien (Russland, Mongolei), Zentralasien (Afghanistan, Kasachstan und andere Staaten), Südasien (Indien, Pakistan und andere Staaten), Ostasien (China, Japan und andere Staaten), Südostasien (Thailand, Indonesien und andere Staaten). Weil sich Asien über eine so große Fläche erstreckt, ist das Klima in den einzelnen Ländern sehr unterschiedlich. Im nordasiatischen Sibirien ist es so kalt, dass die Böden fast das ganze Jahr über gefroren sind. In Südasien und Südostasien dagegen ist es tropisch warm. In Asien leben über 4 Milliarden Menschen, die viele verschiedene Sprachen sprechen. Fast alle großen Weltreligionen wie Judentum, Christentum, Buddhismus, Hinduismus und Islam kommen ursprünglich aus Asien. ⇨ Religionen

Bild linke Seite: Die Stadt Varanasi in Indien ist ein hinduistischer Wallfahrtsort. Die Menschen beten hier und waschen sich im heiligen Fluss Ganges. **1** Unter den Wüsten der Arabischen Halbinsel gibt es große Erdölvorkommen. **2** Die Transsibirische Eisenbahn ist die längste Eisenbahnstrecke der Welt. Sie führt über ungefähr 9000 Kilometer von Moskau nach Wladiwostok. **3** Der Himalaja, an der Grenze zwischen Indien und China gelegen, wird wegen der vielen hohen Berge auch das „Dach der Welt" genannt. **4** Reisernte in Nepal: Reis ist das Hauptnahrungsmittel in Asien. **5** Viele Menschen in der Mongolei leben auch heute noch in den sogenannten Jurten. Das sind Zelte, die sich leicht auf- und abbauen lassen. **6** Die chinesische Hafenstadt Hongkong ist eines der größten Handelszentren Chinas. **7** Buddhistischer Tempel in Japan. **8** Reisterrassen in Thailand. ⇨ Asien

Afrika hat seinen Namen von den Römern erhalten. Sie haben den Kontinent nach einem Stamm an der Mittelmeerküste Afrikas benannt. Dieser Kontinent erstreckt sich von Norden nach Süden über 8000 Kilometer. Im nördlichen Teil Afrikas liegt die Sahara, die größte Wüste der Erde. Sie ist fast so groß wie ganz Europa. Tagsüber kann es hier bis zu 50 Grad heiß werden. In Zentralafrika gibt es vor allem tropischen Regenwald.

Im Osten und Süden Afrikas herrschen weite Graslandschaften, die Savannen, vor. Afrika ist sehr dünn besiedelt. Die meisten Menschen sind sehr arm und leben als Bauern oder Hirten auf dem Land. Da das Land sehr trocken ist, kommt es oft zu Dürreperioden und Hungersnöten. Viele junge Menschen verlassen deshalb ihre Dörfer und gehen in die großen Städte, um dort Geld zu verdienen.

Bild linke Seite: Der Kilimandscharo in Tansania ist mit 5895 Metern der höchste Berg Afrikas. Tansania ist eines der ärmsten Länder der Welt. Viele Menschen können weder lesen noch schreiben. **1** In Kenia wird neben Tee und anderen Nutzpflanzen sehr viel Kaffee angebaut. Wenn die Früchte der Kaffeesträucher reif sind, werden sie geerntet und geschält. Im Inneren der Früchte befinden sich die Kaffeebohnen. **2** Die San und Khoi-San leben im Südwesten Afrikas. Sie leben als Jäger und Sammler und gelten als älteste heute lebende Volksgruppe. **3** Die Tuareg sind ein Hirtenvolk und leben in der Sahara. Die Männer der Tuareg tragen oft einen Gesichtsschleier. **4** Die Hauptstadt Südafrikas ist Pretoria, aber das Parlament hat seinen Sitz in der Hafenstadt Kapstadt. Über der Stadt erhebt sich der Tafelberg, dessen Spitze flach wie eine Tafel ist. ⇨ Afrika

Zum nordamerikanischen Kontinent gehören Kanada, die Vereinigten Staaten von Amerika und Mexiko. Kanada ist von großen Waldgebieten bedeckt und der Norden Kanadas ist sehr kalt. Die Vereinigten Staaten von Amerika (USA) sind das reichste und mächtigste Land der Welt. Die Vorfahren der meisten heutigen Amerikaner sind in den letzten 400 Jahren aus Europa und Asien eingewandert oder wurden als Sklaven aus Afrika hergebracht. Die Ureinwohner Nordamerikas sind verschiedene Indianervölker. Sie bilden heute nur noch eine kleine Bevölkerungsgruppe. Mittelamerika liegt auf einer Landzunge zwischen Nord- und Südamerika. In Südamerika ist es tropisch warm. Am Fluss Amazonas liegt das größte Regenwaldgebiet der Erde. Weiter südlich besteht Südamerika aus weiten Graslandschaften und trockenen Steppen.

Bild linke Seite: New York City ist die größte Stadt der USA. Um Platz zu sparen, hat man die Häuser in New York City mehrere Hundert Meter hoch gebaut. Man nennt sie Wolkenkratzer. Im Stadtzentrum verlaufen alle Hauptstraßen von Norden nach Süden und alle Querstraßen von Osten nach Westen. **1** Die Flüsse Alaskas im Norden Amerikas sind sehr fischreich. Hier werden vor allem Lachse gefangen. **2** In Kanada ist das Flugzeug das wichtigste Verkehrsmittel. Mit einem Wasserflugzeug kann man auch auf Seen landen. **3** Die Cakchiquel-Frauen in dem mittelamerikanischen Land Guatemala tragen farbenprächtige handgewebte Kleider. **4** In Honduras werden auf großen Plantagen Bananen angebaut. **5** Die Quechua in Peru züchten Lamas, die ihnen als Tragetiere dienen. **6** In Chile ist das Klima so mild, dass hier Wein angebaut werden kann. ⇨ Amerika

Australien ist der kleinste Kontinent der Erde. Die ersten weißen Siedler in Australien waren englische Sträflinge, die hierher gebracht wurden, weil in England die Gefängnisse zu voll waren. Das Innere des Landes besteht fast nur aus Wüste. Die meisten Menschen leben in den großen Städten an den Küsten Australiens. Das Land ist nur sehr dünn besiedelt und die Städte sind meist weit voneinander entfernt. Neuseeland besteht aus zwei Inseln. Das Klima dort ist mild und die Erde fruchtbar. Viele Neuseeländer züchten Schafe und verkaufen die Wolle in die ganze Welt. Auf der Nordinsel Neuseelands gibt es Vulkane und heiße Quellen. Neuseeland und die vielen, weit verstreuten Inseln im Pazifischen Ozean östlich von Australien nennt man Ozeanien oder auch Südsee. Insgesamt sind es etwa 7500 Inseln, von denen aber nur 2000 bewohnt sind.

Bild linke Seite: Die Aborigines, die australischen Urein-wohner, wurden von den Weißen stark verdrängt. Der Ayers Rock ist eine heilige Stätte der Aborigines. Sie nennen diesen roten Sandsteinberg, der mitten in der Wüste steht, Uluru. **1** In Australien gibt es Bodenschätze wie Kohle und Eisenerz. Zum Teil werden sie im Tagebau mit riesigen Baggern abgebaut. **2** Sydney ist die älteste und größte Stadt Australiens. Das Wahrzeichen der Stadt ist das Opernhaus. **3** In Neuseeland gibt es ungefähr 30 Millionen Schafe. **4** Die Maori in Neuseeland verzieren ihre Versammlungshäuser mit kunstvollen Schnitzerei-en. **5** Auf vielen Inseln der Südsee leben die Menschen noch heute wie vor Hunderten von Jahren in Häusern aus Holz, die mit Palmblättern gedeckt sind. **6** Für den Fischfang benutzen sie Segelboote mit einem Ausleger.
⇨ Australien, Neuseeland, Ozeanien

Berge, Wälder, Steppen, Wüsten

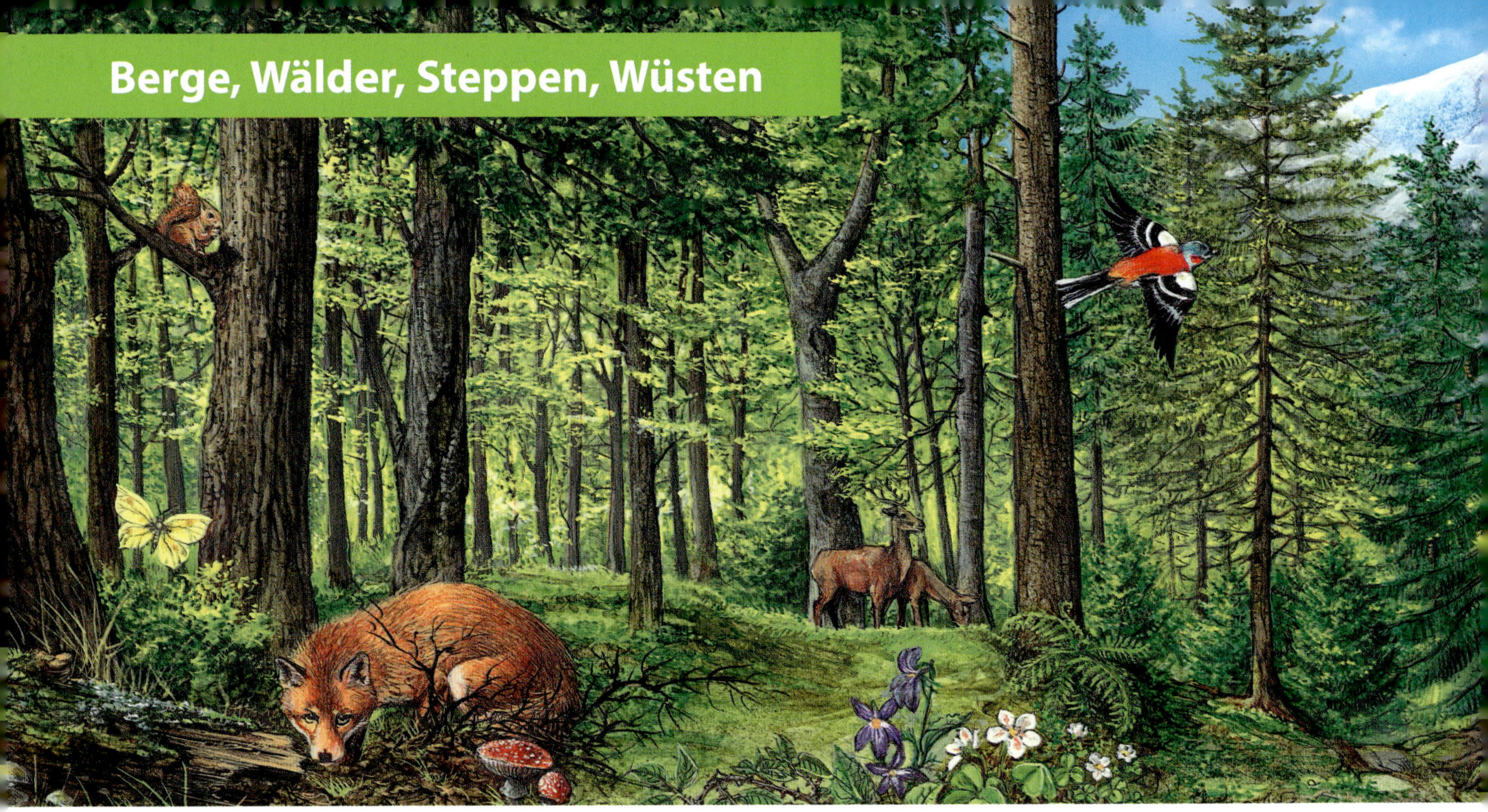

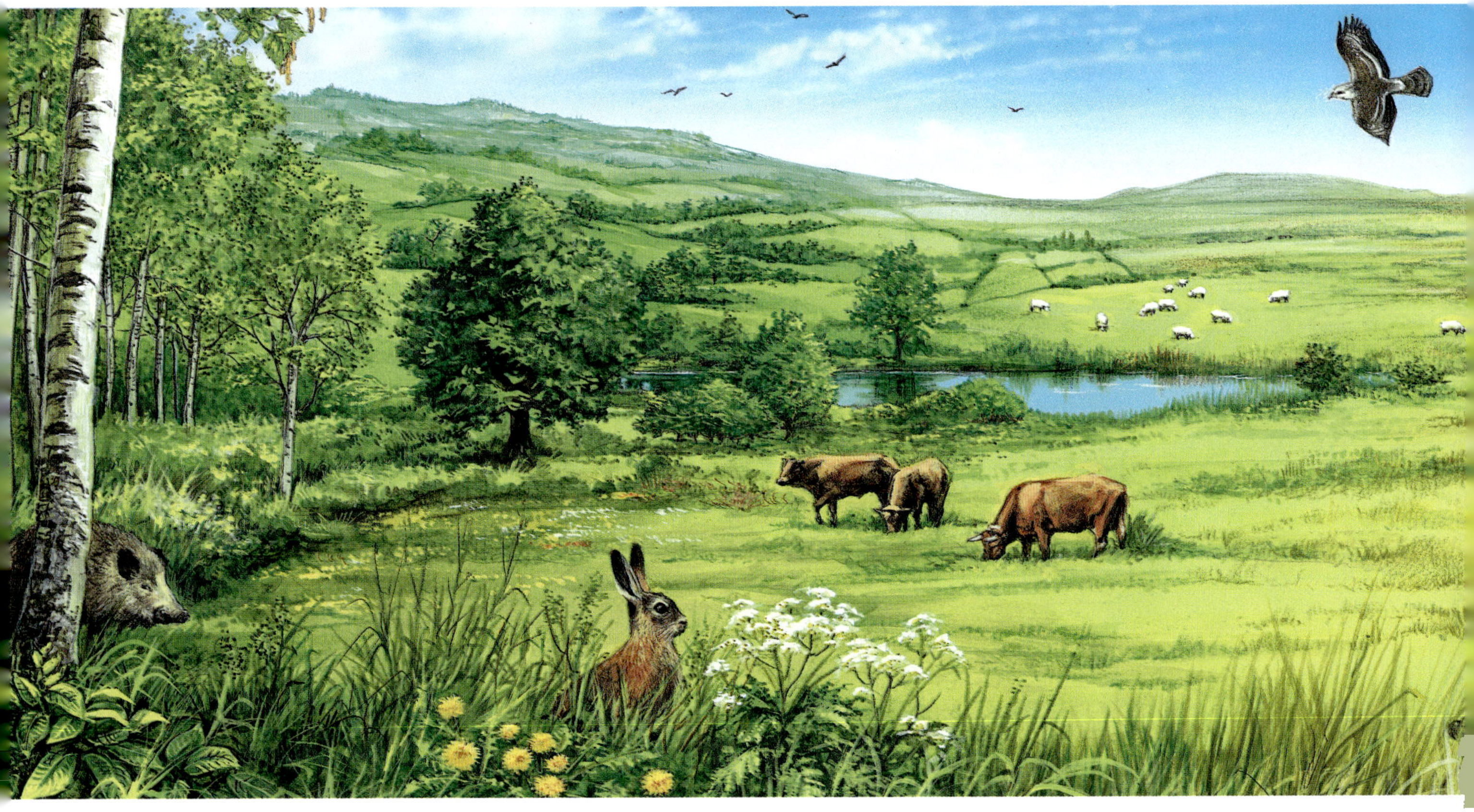

Das Aussehen einer Landschaft hängt vor allem davon ab, auf welcher Höhe sie liegt, wie der Boden beschaffen ist und welche Klimabedingungen vorherrschen. In den verschiedenen Landschaftsformen leben unterschiedliche Tier- und Pflanzenarten. Fährt man zum Beispiel in die Alpen, kommt man zunächst durch große Waldgebiete mit Laubbäumen. Ab einer Höhe von ungefähr 1000 Metern wachsen vor allem Nadelbäume. Dann kommt bei einer Höhe von ungefähr 2000 Metern die sogenannte Baumgrenze. Oberhalb davon wachsen nur noch Sträucher, Moose und Flechten. Bei 2500 bis 3000 Metern beginnt die Schneegrenze. Hier sind die Bergkuppen oft das ganze Jahr über mit Schnee bedeckt. Am Fuß der Berge und in den Ebenen findet man in Europa Mischwälder mit Laub- und Nadelbäumen. Wälder sind sehr wichtig. Sie speichern Wasser, reinigen die

Luft und schützen den Boden vor Abtragung durch den Wind und vor Austrocknung durch die Sonne. Am Rand der Wälder breiten sich Wiesen aus, auf denen Blumen, Gras und Büsche wachsen. Wiesen, die landwirtschaftlich genutzt werden, nennt man Weiden. Kühe und Schafe weiden das Gras, Kräuter und Klee ab. Je weiter man in Europa nach Süden kommt, desto trockener und karger wird die Landschaft. Es regnet weniger und die

Sommer sind sehr heiß. Die Wiesen sind nur im Frühling grün und werden im Sommer gelblich-trocken. Wo es besonders heiß ist und fast gar nicht regnet, wird das Land zur Wüste. Wüsten bestehen hauptsächlich aus Gestein und Sand. Nur wenige Tiere und Pflanzen können hier überleben. Und nur in den Oasen, in denen es eine Wasserstelle gibt, wachsen Palmen und andere Pflanzen.
⇨ Landschaftsformen

Das Wasser auf der Erde befindet sich in einem ständigen Kreislauf. In den Bergen entstehen aus Quellen oder durch das Abtauen von Schnee Bäche. Auf ihrem Weg hinunter in die Ebenen reißen sie Geröll und Schlamm mit sich. Dadurch entstehen tiefe Täler. An Felskanten stürzt das Wasser manchmal steil hinunter, so entsteht ein Wasserfall. Die Bäche fließen mit anderen Bächen zusammen und werden zu großen Flüssen.

Durch die Hitze der Sonnenstrahlung verdunstet ein Teil des Wassers in den Flüssen und Meeren und steigt als Wolken in die Luft auf. Aus den Wolken fällt das Wasser als Regen, Schnee oder Hagel wieder auf die Erde zurück und versickert. Dann tritt es als Quelle wieder an die Oberfläche und der Wasserkreislauf beginnt von Neuem. In den Bergen werden Flüsse manchmal durch einen großen Damm gestaut. Dadurch entsteht ein Stausee,

der als Wasserspeicher dient. Staudämme werden außerdem auch zur Erzeugung von Elektrizität genutzt. Je größer ein Fluss auf seinem Weg wird, desto tiefer ist sein Wasser. Jetzt können Schiffe fahren. Wenn es zu steil abwärtsgeht und die Strömung zu schnell wird, muss man für die Schiffe eine Schleuse bauen. An der Mündung ins Meer teilt sich der Fluss manchmal in mehrere Arme auf. Man nennt das ein Flussdelta. Meere sind so groß,

dass man von der Küste aus nur Wasser sieht. Zweimal täglich sinkt und steigt das Wasser. Man nennt das Ebbe und Flut. An der Nordsee ist der Höhenunterschied sehr groß, sodass das Watt bei Ebbe trockenfällt. An der Ostsee und am Mittelmeer hingegen bemerkt man kaum einen Unterschied. Meerwasser ist salzig. Durch Verdunstung in großen Becken wird an den Küsten Meersalz gewonnen. ⇨ Flüsse und Meere

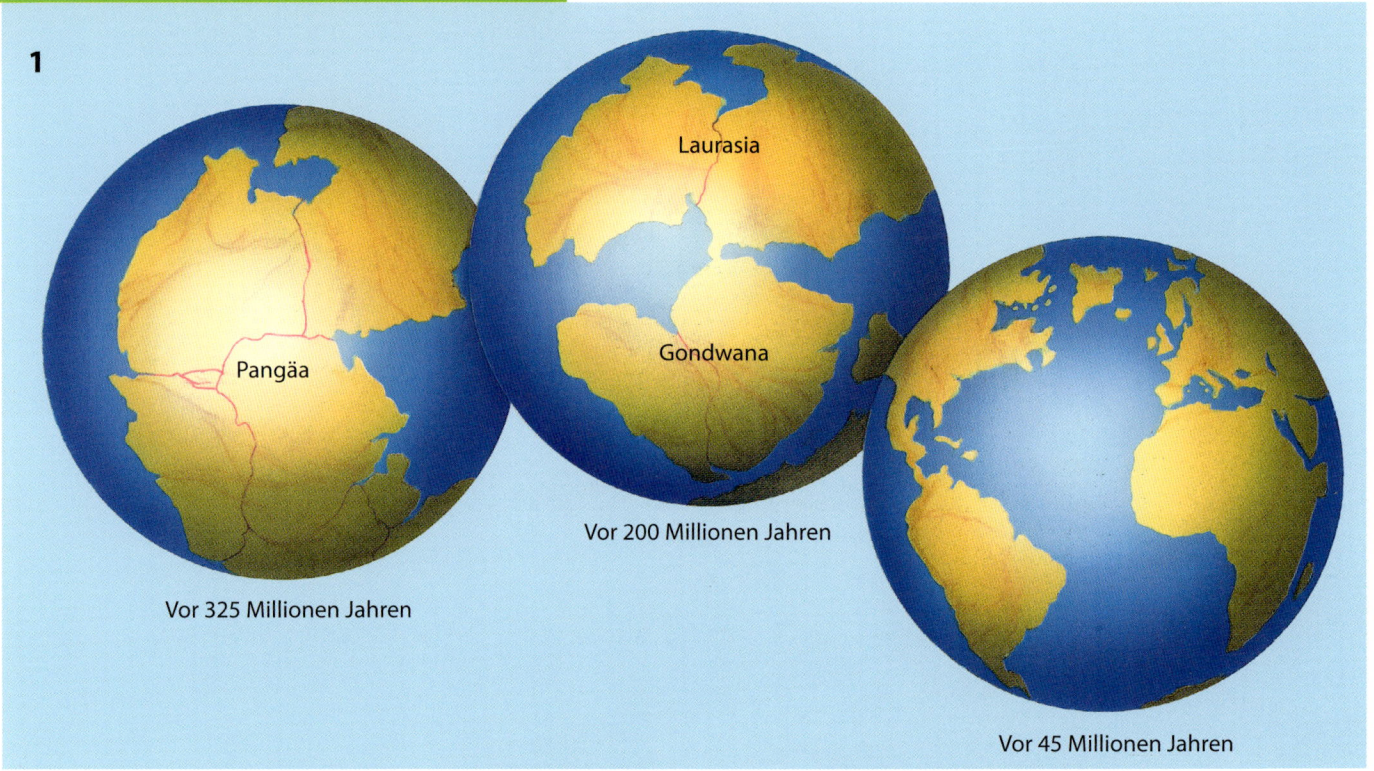

1 Vor 325 Millionen Jahren — Pangäa

Vor 200 Millionen Jahren — Laurasia, Gondwana

Vor 45 Millionen Jahren

2

Unsere Erde besteht aus mehreren Schichten. Ganz außen ist die feste Erdkruste. Darunter liegt der Erdmantel aus heißem, teils zähflüssigem Gestein. Dann folgt der äußere Kern aus flüssigem Metall und der innere Kern aus festem Metall. **1** Die Erdkruste besteht aus sieben großen Platten, die auf dem zähflüssigen Erdmantel schwimmen und in ständiger Bewegung sind. Man nimmt an, dass die Erdoberfläche vor 325 Millionen Jahren nur aus einem einzigen Urozean und dem Urkontinent Pangäa bestand. Vor 200 Millionen Jahren zerbrach Pangäa in die zwei Kontinente Laurasia und Gondwana. Und vor 45 Millionen Jahren entstanden die heutigen Kontinente. Dort, wo zwischen den Platten der Erdkruste Risse sind, kann flüssiges Gestein aus dem Erdmantel an die Oberfläche treten. **2** Ein Vulkan entsteht. Er schleudert aus seinem Krater Asche, Rauch,

Gesteinsbrocken und flüssige Lava an die Erdoberfläche.
3 An verschiedenen Stellen auf der Welt kommt es immer wieder zu Vulkanausbrüchen. Heiße Lava ergießt sich auf das Land, und die Menschen, die in der Umgebung des Vulkans leben, müssen ihre Häuser verlassen. Wenn die Lava erkaltet ist, verwittert sie langsam zu fruchtbarer Erde. Deshalb wachsen in der Umgebung von Vulkanen Gemüse und Früchte besonders gut.

4 Die Platten der Erdkruste verschieben sich jedes Jahr um einige Zentimeter. Manchmal verkanten sich zwei Platten ineinander und lösen sich dann mit einem Ruck. Dadurch wird ein Erdbeben ausgelöst. Durch die großen Erschütterungen bilden sich Risse in der Erdkruste. Häuser und Brücken stürzen ein, Straßen brechen auf. Starke Erdbeben können ganze Städte zerstören. Unterseeische Beben lösen Tsunamis aus. ⇨ Erdbeben und Vulkane

In unseren Breiten gibt es vier Jahreszeiten: Frühling, Sommer, Herbst und Winter. Der Winter, von Dezember bis Februar, ist am kältesten. Im Frühling, ab März, wird es langsam wärmer. Der Sommer beginnt im Juni. Dann sind die Tage am längsten und die Kraft der Sonnenstrahlen ist besonders stark. Der heißeste Monat ist meistens der August. Ab September beginnt der Herbst und es wird wieder kühler. Die Sonne ist nicht mehr so stark und die Tage werden kürzer. Die Pflanzen entwickeln sich mit den Jahreszeiten. Im Frühling wachsen an den Zweigen des Apfelbaums kleine Blätter und Knospen. Er beginnt zu blühen. Im Sommer sind die Blätter tiefgrün und aus den Blüten entstehen Früchte. Im Herbst sind die Äpfel reif und können geerntet werden. Dann werden die Blätter bunt und fallen ab. Im Winter ist der Baum kahl.

Klima ist etwas anderes als Wetter. Jede Region hat ihr eigenes Klima, das sich nur wenig verändert. Es ist abhängig von der Landschaftsform, von der Höhenlage, vom Breitengrad, von der Regenhäufigkeit und von der Sonneneinstrahlung. Das Wetter dagegen kann sich von einem Tag auf den anderen verändern. Es gibt auf der Erde verschiedene Klimazonen. **1** Hoch im Norden herrscht das Polarklima. Hier ist es das ganze Jahr über kalt und der Boden ist von Eis bedeckt. Nach Süden schließt sich das kaltgemäßigte Klima an. Die Sommer sind kurz und kühl. **2** In Mitteleuropa haben wir ein warmgemäßigtes Klima mit warmen Sommern und kalten Wintern. **3** Um den Äquator trifft man das tropische Regenwaldklima an. Hier ist es das ganze Jahr über schwül und es regnet viel. **4** Das Wüstenklima ist heiß und trocken. ⇨ Jahreszeiten und Klima

Unser Sonnensystem entstand vor etwa 4,6 Milliarden Jahren. Acht Planeten kreisen in großen Bahnen um die Sonne. **1** Die Sonne, ein Stern, ist eine riesige, glühende Gaskugel. Ohne das Licht und die Wärme der Sonne wäre auf dem Planeten Erde kein Leben möglich. **2** Der Planet Merkur ist der Sonne am nächsten. **3** Die Venus ist mit bis zu 480 Grad der heißeste Planet unseres Sonnensystems. **4** Die Erde mit ihrem Mond. **5** Der Mars hat eine rötliche Oberfläche. **6** Jupiter ist der größte Planet unseres Sonnensystems. Sein Ring besteht aus Eis- und Gesteinsbrocken. **7** Der Saturn hat mehrere Ringe und Monde. **8** Uranus ist von einer blaugrünen Dunstschicht umgeben. **9** Neptun hat keine feste Oberfläche. Er besteht aus zusammengepressten Gasen und Eis. **10** Am äußeren Rand unseres Sonnensystems kreisen die sogenannten Zwergplaneten – einer davon ist Pluto.

11 Wenn man die Erde aus dem Weltraum betrachtet, erkennt man, dass sie größtenteils mit Wasser bedeckt ist. Sie wird deshalb auch der blaue Planet genannt.
12 Der Mond umkreist die Erde in etwa 28 Tagen. Dabei dreht er sich einmal um sich selbst. Wir können die Oberfläche des Mondes nur sehen, wenn sie von der Sonne angestrahlt wird. Bei Neumond steht der Mond zwischen Erde und Sonne. Seine Oberfläche ist dunkel und wir sehen ihn nicht. Wenn der Mond weiterwandert, erscheint seine Sichel, die langsam zunimmt. Bei Vollmond steht er genau gegenüber der Sonne. Seine Oberfläche ist beleuchtet und sichtbar. Danach nimmt der Mond wieder ab. **13** Unser Sonnensystem gehört zu einem großen Sternensystem, der Milchstraße. Man schätzt, dass es im Weltall ungefähr 100 Milliarden Sternensysteme, Galaxien genannt, gibt. ⇨ Universum

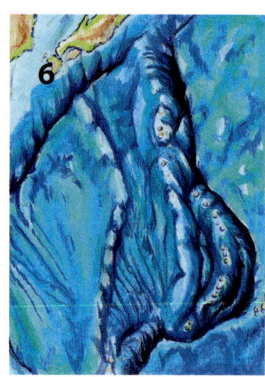

1 Der längste Fluss der Welt ist der Nil in Nordafrika. Er ist insgesamt 6671 km lang. **2** Die größte Wüste ist die Sahara in Nordafrika mit 8 700 000 km². **3** Der höchste Berg ist der Mount Everest im Himalaja mit 8848 m. **4** Der größte Ozean ist der Pazifik. Er hat eine Fläche von 181 Millionen km². **5** Das bevölkerungsreichste Land der Erde ist China. Hier leben 1,35 Milliarden Menschen. **6** Die größte bisher gemessene Meerestiefe hat der Marianengraben im Pazifik mit 11 034 m. **7** Der Burj Khalifa (Dubai) ist mit 828 m der höchste Wolkenkratzer der Welt. **8** Die längste Hängebrücke ist die Akashi-Kaiko-Brücke in Japan. Insgesamt ist sie 3911 m lang. **9** Die größte Stadt der Welt ist Chongqing in China. Durch die Verschmelzung von mehreren kleineren Städten entstand 2001 eine Riesenstadt mit 28 Millionen Einwohnern.

1 Das kleinste Säugetier ist die Etruskerspitzmaus, eine Zwergspitzmausart. Sie ist 50 mm lang und wiegt 2,5 g. **2** Der Hummel-Kolibri (auch: Bienenelfe) ist der kleinste Vogel. Er misst 57 mm und ist 1,6 g leicht. **3** Der schnellste Fisch ist der Fächerfisch. Er kann 110 km/h schnell schwimmen. **4** Das schnellste Säugetier ist der Gepard mit ungefähr 90 km/h. Diese Geschwindigkeit kann er allerdings nur kurze Zeit durchhalten. **5** Mit 200 km/h ist der Mauersegler der schnellste Vogel. **6** Das größte Säugetier ist der Blauwal. Er wiegt bis zu 200 t und wird 30 m lang. Blauwale sind vom Aussterben bedroht. Man schätzt, dass es weltweit nur noch um die 15 000 Tiere gibt. **7** Der größte Fisch ist der Walhai mit 12 t Gewicht und 13 m Länge. **8** Das Leistenkrokodil ist das größte Reptil. Vom Kopf bis zur Schwanzspitze misst es 5 m und es wiegt 1 t. ⇨ Rekorde

Vor unserer Zeit

Unsere Erde ist vor ungefähr 4,6 Milliarden Jahren gemeinsam mit unserem Sonnensystem entstanden. Aus einer riesigen Gas- und Staubwolke bildeten sich die Sonne und ihre Planeten. Auf der Oberfläche der Erde war es kalt und dunkel, aber unter der Kruste im Inneren bestand sie aus glühendem Gestein. Aus dem All schlugen Meteoriten auf der Erdoberfläche ein. Wo sie auftrafen, brach die Kruste auf und heißes, flüssiges Gestein,

das Magma, trat hervor. Auch Vulkane schleuderten Magma an die Erdoberfläche und die Erdkruste wurde dicker und fester. Sie war umgeben von Wasserdampf, der Wolken bildete. Ständig gab es heftige Gewitter mit Regen. Das Wasser sammelte sich in großen Mulden auf der Erde und Meere entstanden. In den Meeren entwickelte sich später das erste Leben, aber das dauerte noch viele Jahrmillionen. Die Entwicklung der Erde mit

ihren Lebewesen und Pflanzen wird Evolution genannt. Vor 2,7 Milliarden Jahren bildeten sich die ersten Algen im Meer und vor ungefähr 500 Millionen Jahren entstanden die ersten Fische. Dann wuchsen die ersten Pflanzen an Land. Vor 400 Millionen Jahren kamen die Tiere aus dem Meer ans Land. Es waren die Amphibien, die sich an ein Leben sowohl im Wasser als auch an Land angepasst hatten. Nach ihnen tauchten in der Evolution die

Reptilien auf und bald folgten die ersten Säugetiere. Vor ungefähr 150 Millionen Jahren entwickelten sich die ersten Vögel. Während dieser ganzen Zeit gab es auf der Erde noch keine Menschen. Die ersten Vorfahren der heutigen Menschen tauchten vor 5 bis 6 Millionen Jahren auf. Würde man jedem Jahr der Erdgeschichte eine Sekunde zuordnen, so wäre die Erde 146 Jahre alt und der Mensch gerade einmal 3 Stunden. ⇨ Erdgeschichte

Steinkohlezeit und Jura-Meer

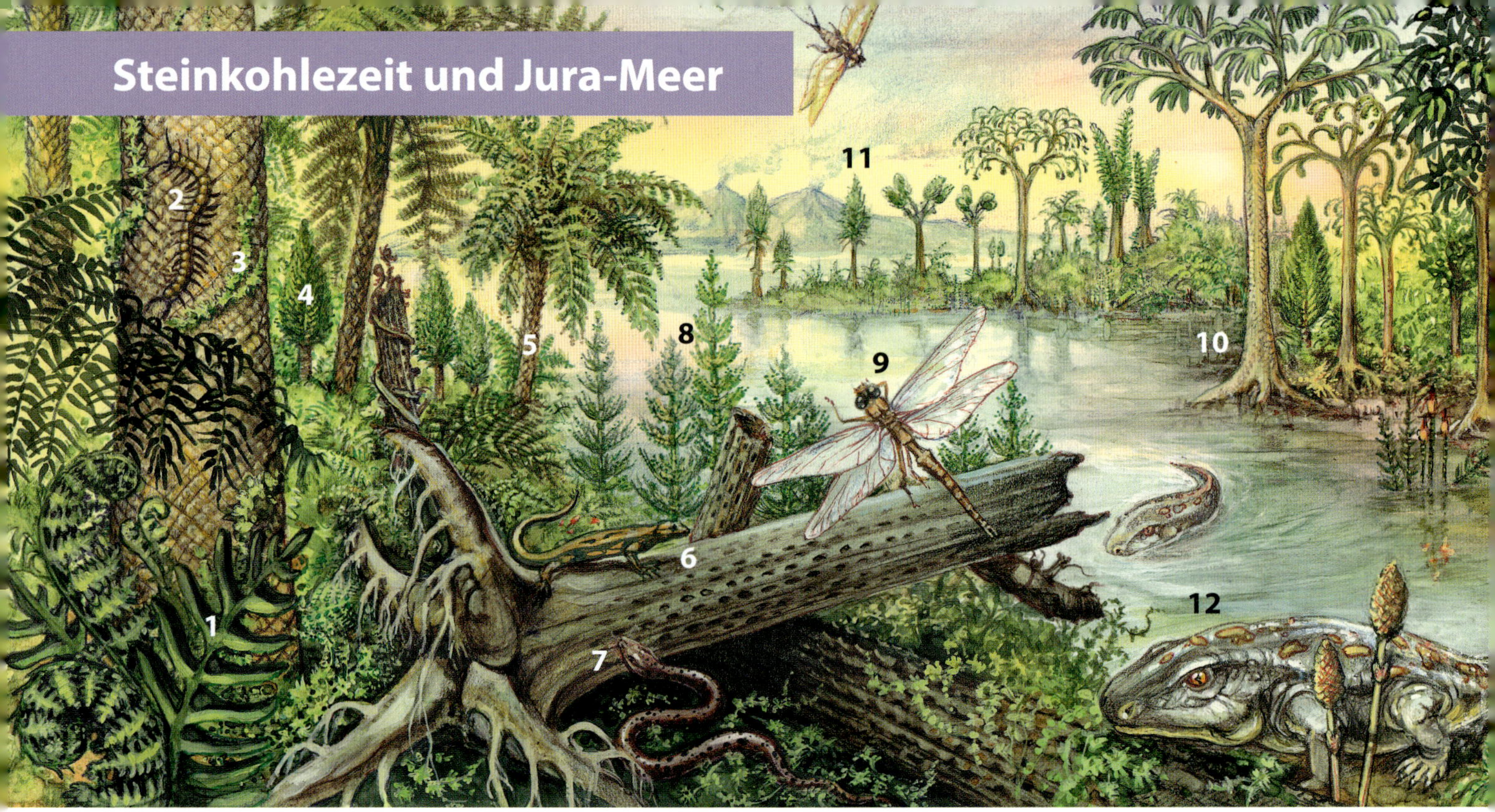

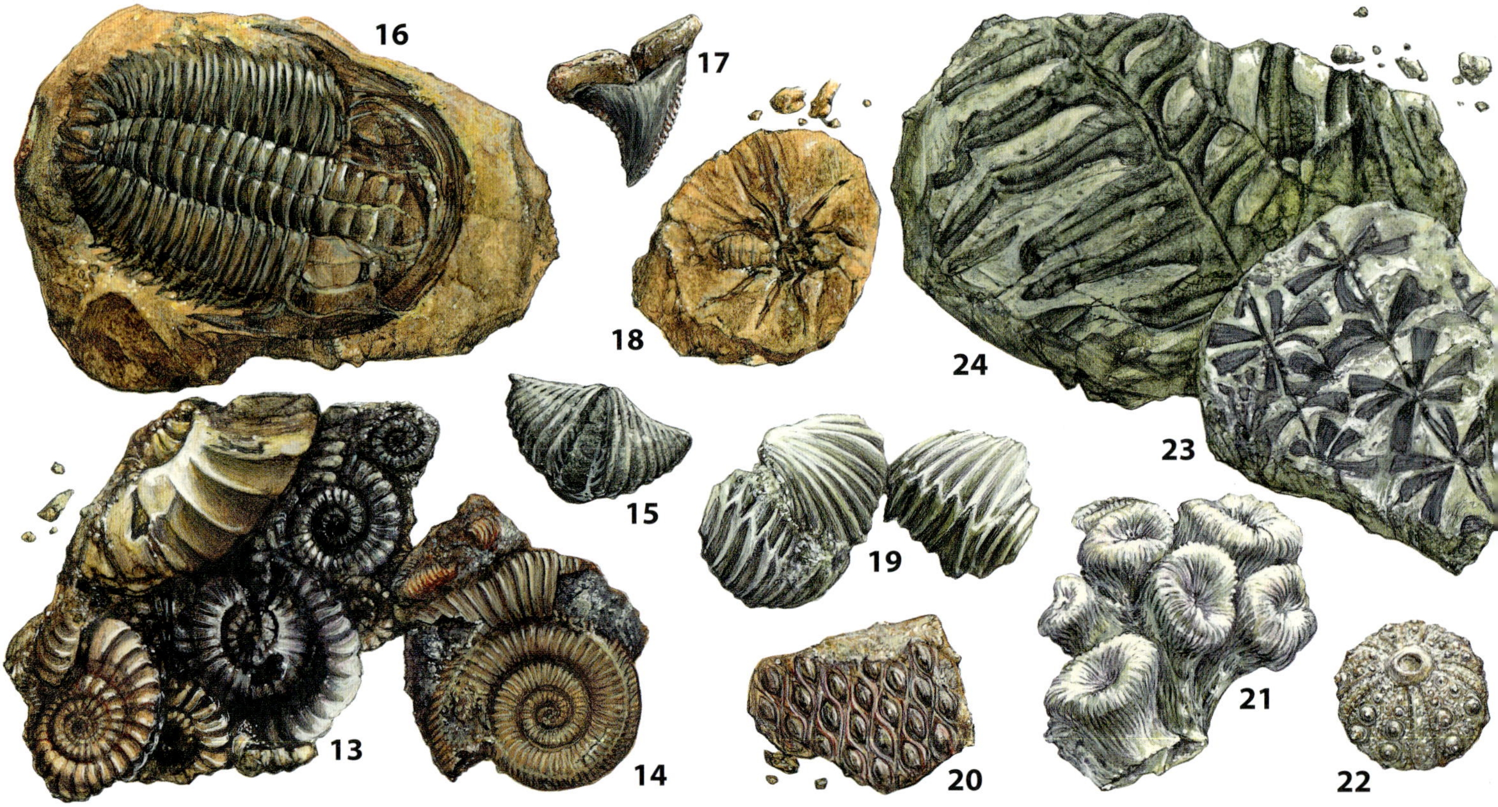

Vor 350 bis 290 Millionen Jahren herrschte auf der Erde warmes, feuchtes Klima. Aus den Resten der Pflanzen dieser Zeit, der Steinkohlezeit (Karbon), entwickelte sich während vieler Millionen Jahre durch Versteinerung die Kohle. Die Tierwelt bestand damals aus Insekten und Reptilien. **1** Farne **2** Tausendfüßer **3** Keilblatt **4** Siegelbaum **5** Farnbaum **6** Hylonomus **7** Phlegethontia **8** Schachtelhalm **9** Urlibelle **10** Bärlapp **1 1** Cordaiten **12** Eryops. Aus verschiedenen Erdzeitaltern sind Fossilien (Versteinerungen) erhalten geblieben: **13** Ammoniten (Jura) **14** Ammoniten (Devon) **15** Spirifera (Perm) **16** Trilobit (Kambrium) **1 7** Haifischzahn (Mesozoikum) **18** Arachnide (Karbon) **19** Rhynchonella (Jura) **20** Lepidodendron-Rinde (Karbon) **21** Koralle (Trias) **22** Seeigel (Mitteljura) **23** Keilblatt (Karbon) **24** Farn (Karbon)

Vor 200 bis 142 Millionen Jahren, im Zeitalter des Jura, waren große Teile Europas mit Wasser bedeckt. In den Meeren lebten Saurier, Tintenfische, Meeresschildkröten und eine besondere Art von Krokodilen. **25** Korallen **26** Ammonit **27** Ichthyosaurus **28** Muraenosaurus **29** Hypsocormus insignis **30** Metriorhynchus **31** Henodus **32** Aspidorhynchus **33** Liopleurodon **34** Ischydus **35** Thrissops **36** Brachiopode **37** Belemnit **38** Seeigel **39** Korallen **40** Spathobathis. In der Kreidezeit vor 142 bis 65 Millionen Jahren entwickelten sich die ersten Vögel, Schlangen und Kleinsäugetiere. **41** Palmfarn **42** Coniophis precedens **43** Magnolie **44** Petrolacosaurus **45** Bienenstock **46** Confuciusornis **47** Ichthyornis Dispar **48** Hesperornis Regalis **49** Zalambdalestes mit Libelle **50** Alphadon **51** Farn **52** Psittacosaurus **53** Crusafontia **54** Ginkgobaum ⇨ Fossilien

Im Erdzeitalter des Jura (vor 200 bis 142 Millionen Jahren) und der Kreidezeit (vor 142 bis 65 Millionen Jahren) gab es auf allen Kontinenten der Erde sehr viele Arten von Sauriern. Die Dinosaurier lebten auf dem Land, die Ichthyosaurier im Wasser und die Flugsaurier in der Luft. Es waren Reptilien, die sich zunächst von Fleisch ernährten. Später entwickelten sich auch Pflanzenfresser. Es gab kleine Dinosaurier von nur 60 cm Länge und riesige Giganten, die bis zu 40 m lang und 50 Tonnen schwer wurden. Sie legten Eier und man vermutet, dass sich bei den meisten Arten die Elterntiere fürsorglich um ihre Jungen kümmerten. Dinosaurier waren intelligenter, als oft angenommen wird. Manche jagten gemeinsam in Gruppen und Pflanzenfresser schlossen sich zum Schutz gegen Feinde in großen Herden zusammen. Bis heute weiß niemand genau, warum die Saurier ausgestorben

Saurier des Jura

A Archaeopteryx **B** Allosaurus
C Stegosaurus **D** Rhamphorhynchus

Der Diplodocus wurde 26 m lang.

Am Ende der Kreidezeit gab es bereits erste Säugetiere. Sie überlebten die große Katastrophe: **E** Megazostrodon und **F** Zalambdalestes.

sind. Insgesamt lebten sie 150 Millionen Jahre lang auf der Erde. Eine Vermutung ist, dass der Einschlag eines Meteoriten eine riesige Staubwolke ausgelöst hat. Dadurch wurde die Sonne verdeckt, die Erde wurde kälter und dunkel. Tiere und Pflanzen hatten keine Lebensgrundlage mehr. Eine andere Erklärung geht davon aus, dass durch ungeheure Vulkanausbrüche große Mengen von Gasen in die Atmosphäre gelangten und sich das

Klima veränderte. Vielleicht gab es auch mehrere Ursachen für das Massensterben von Pflanzen und Tieren. Saurier der Kreidezeit: **1** Tyrannosaurus **2** Scolosaurus mit Gelege **3** Styracosaurus **4** Tylosaurus **5** Elasmosaurus **6** Pteranodon **7** Quetzalcoatlus **8** Edmontosaurus **9** Triceratops **10** Ankylosaurus **11** Pachycephalosaurus **12** Iguanodon **13** Parasaurolophus **14** Deinonychus **15** Ornithomimus ⇨ Dinosaurier

Das Eiszeitalter

Im Laufe der Erdgeschichte gab es mehrere Eiszeitalter. Während dieser Phasen bildeten sich an den Polen und auf den Gebirgen Gletscher. Innerhalb der Eiszeiten gab es abwechselnd sehr kalte Perioden (Kaltzeiten) und Phasen mit gemäßigtem Klima (Warmzeiten). Das letzte Eiszeitalter begann vor 2,5 Millionen Jahren und dauert bis heute an. Wir leben in einer Warmzeit, die letzte Kaltzeit endete vor 10 000 Jahren. In dieser Kaltzeit waren die nördlichen Gebiete Europas und Nordamerikas mit riesigen Eismassen bedeckt. Der Meeresspiegel senkte sich und es entstanden Landverbindungen zwischen den Erdteilen. So gelangten Menschen und Tiere von Sibirien über die Beringstraße nach Nordamerika. In den eisfreien Gebieten wuchsen Gräser, Moose und Flechten. Der Boden war gefroren und taute nur selten oberflächlich auf. Häufig wird die Kaltzeit auch Eiszeit genannt.

1 Gletscherberge 2 Wildpferde waren sehr viel kleiner als ihre heutigen Nachfahren. 3 Moschusochsen 4 Das Mammut ist ein Verwandter unserer Elefanten. Es wurde bis zu 3 m groß und hatte ein dickes, wolliges Fell. Seine Stoßzähne wurden bis zu 5 m lang. 5 Wollnashörner waren große und kräftige Tiere. Sie besaßen zwei unterschiedlich lange Hörner und konnten sehr gefährlich werden. 6 Wisente waren bis ins Mittelalter verbreitet. 7 Rentier

8 Säbelzahntiger waren vermutlich keine jagenden Raubkatzen. Sie ernährten sich von Aas, das sie mit ihren Zähnen gut aufreißen konnten. 9 Wolf 10 Schneehuhn 11 Polarfuchs 12 Höhlenbären ernährten sich von Pflanzen. 13 Lemming 14 Steinflechten 15 Roter Steinbrech 16 Goldfingerkraut 17 Silberwurz 18 Krähenbeere 19 Zwergweide 20 Wolfenie 21 Alpenazalee 22 Moose 23 Riedgräser 24 Wollgras ⇨ Erdgeschichte

Man nimmt an, dass sich die ersten menschlichen Vorfahren vor ungefähr 5 bis 6 Millionen Jahren in Afrika entwickelten. Vor etwa 2,5 Millionen Jahren, zu Beginn der Steinzeit, hatten sich die Menschen die Fertigkeit angeeignet, Steinwerkzeuge zu benutzen, und vor 1,5 Millionen Jahren hatten sie weitgehend die Körpergestalt der heutigen Menschen und bewegten sich ausschließlich im aufrechten Gang fort. In der Mittel- und

Jungsteinzeit vor 10 000 bis 4000 Jahren begannen die Menschen, sich niederzulassen. Bis dahin hatten sie als umherziehende Nomaden gelebt. Sie bauten nun Hütten und Zelte aus Schilf und Reisig und lebten in kleinen Gruppen zusammen. Ihre Kleidung bestand aus Fellen, die von den Frauen gegerbt und zusammengenäht wurden. Die Männer gingen auf die Jagd. Zum Erlegen von Hirschen, Rehen und Wildschweinen

benutzten sie Speere, Pfeil und Bogen. Auch der Fisch-fang war bereits bekannt. Von Einbäumen aus wurden die Fische mit Speeren gejagt oder man fing sie in einfachen Reusen aus Reisig. Neben Steinwerkzeugen wie Faustkeilen und Speerspitzen wurden Werkzeuge auch aus Knochen und Geweihteilen hergestellt. Die Frauen sammelten Beeren und Früchte und trockneten sie für den Winter. Mahlzeiten wurden am offenen Feuer zubereitet. Am Ende der Jungsteinzeit begannen die Menschen, endgültig sesshaft zu werden. Sie bauten Hütten aus Lehmziegeln und betrieben Ackerbau mit Gerste, Weizen und Hirse. Wilde Tiere wurden gezähmt und bald gab es Schafe, Ziegen, Schweine, Rinder und Pferde, die als Haus- und Nutztiere gehalten wurden. Lebensmittel wurden in kunstvoll getöpferten Keramik-gefäßen aufbewahrt. ⇨ Vorgeschichte

Vor 4200 Jahren begannen die Menschen in Zentraleuropa, Gegenstände aus Metall herzustellen. Sie entdeckten, dass Schmuck und Waffen aus Kupfer stabiler wurden, wenn man ihnen andere Metalle beimischte. Es war der Beginn der Bronzezeit, die bis etwa 800 v. Chr. dauerte. Die Menschen waren sesshaft geworden und lebten in kleinen Siedlungen. Überreste solcher Dörfer hat man etwa am Bodensee in Form von Pfahlbauten

gefunden. Sie wurden auf eingerammten Pfählen im Wasser angelegt. Dadurch waren die Wohn- und Vorratshäuser vor Feuchtigkeit, Tieren und feindlichen Angriffen geschützt. Die Menschen der Bronzezeit betrieben Ackerbau. Sie pflügten die Erde mit Metallpflügen, die von Rindern gezogen wurden. Der Boden wurde mit Hacken bearbeitet und das Getreide mit Sicheln geschnitten. Als Lieferanten für Wolle, Häute, Fleisch und

Getreidemühle

Sichel

Webstuhl

A

B

C

D

E

F

G

A Beile **B** Pfeilspitzen **C** Amulett **D** Fibel
E Armberge **F** Armreifen **G** Halskragen

Milch wurden Schafe, Schweine und Rinder gehalten. Die Frauen flochten Körbe aus Weidenzweigen, mahlten Getreide und buken Brot. An einfachen Webstühlen webten sie aus Wolle und Flachs Kleidung. Die Verwendung von Bronze führte zur Entstehung der ersten Berufe. Die Menschen spezialisierten sich auf bestimmte Tätigkeiten. So gab es etwa Bergleute, die das metallhaltige Gestein aus den Bergen gruben, Bronzegießer und Schmiede. Sie stellten aus Bronze Waffen, Schmuck und Hausgeräte her. Eine andere Berufsgruppe waren die Händler. Sie bereisten die verschiedenen Ansiedlungen Europas bis hin zum östlichen Mittelmeer und boten ihre Ware zum Tausch an: Rohmetall, Bronze, Salz und Gebrauchsgegenstände wie Schmuck, Waffen und Hausgeräte. Der Handel führte auch zum Austausch neuer Fertigkeiten und Techniken. ⇨ Vorgeschichte

Vor mehr als 5000 Jahren entstand an den Ufern des Nils das ägyptische Reich. Das Land wurde von Königen, den Pharaonen, regiert. Ihre Beamten wurden Schreiber genannt. Sie kümmerten sich um die Verwaltung, vermaßen die Felder, verteilten Ackerland, bauten Bewässerungskanäle und sorgten in Notzeiten für die gerechte Verteilung der Nahrungsmittel. Einmal im Jahr trat der Nil über die Ufer, überschwemmte das Land und hinterließ Schlamm, der den Boden düngte. Die Ägypter betrieben Ackerbau und Viehzucht. Ihre Häuser bauten sie aus Lehmziegeln. Die Pharaonen wurden in Pyramiden bestattet, in deren Grabkammern man bei Ausgrabungen viele wertvolle Figuren, aber auch mit Bildern geschmückte Tafeln und Gefäße fand. In ihrer Hieroglyphen-Schrift hielten die Ägypter wichtige Ereignisse fest. Das zeigt, wie reich und gebildet die Ägypter waren.

Das Land am Euphrat und Tigris wurde Mesopotamien oder auch Zweistromland genannt. Heute heißt es Irak. Im 3. Jahrtausend v. Chr. lebten hier die Sumerer, ein hoch entwickeltes Volk. Sie erfanden eine der ersten Schriften: die Keilschrift. Ihre Hauptstadt war die Stadt Ur. Die Bibel erzählt, dass Ur die Heimat von Abraham gewesen sein soll. Später wurde Babylon die Hauptstadt Mesopotamiens. Unter dem König Nebukadnezar erlebte das Land seine Blütezeit. Ein perfektes Bewässerungssystem sorgte dafür, dass die Felder reiche Ernten hervorbrachten. Ein Kalender wurde entwickelt und durch die Beobachtung der Sterne erwarben die Babylonier große Kenntnisse in der Sternenkunde, der Astronomie. Babylon war eine Stadt mit hohen Befestigungsmauern und großen Tempeln. Über den Euphrat führte eine sechs Meter breite Brücke. ⇨ Hochkulturen

China ist eine der ältesten Hochkulturen der Welt. Vor ungefähr 3500 Jahren gab es hier die erste Kaiserfamilie, Dynastie genannt. Über Tausende von Jahren herrschten in China ununterbrochen Kaiser. Sie nannten ihr Land das Reich der Mitte. Anfang des zwanzigsten Jahrhunderts endete das Kaiserreich und China wurde eine Republik. Viele Dinge, die wir heute in Europa kennen, kommen ursprünglich aus China. Hier wurde das Schießpulver erfunden, das Papier und ursprünglich auch der Buchdruck. Die chinesische Mauer ist ungefähr 6000 km lang. Mit ihrem Bau begann man vor ungefähr 2700 Jahren. Sie ist die längste Verteidigungsmauer der Welt und sollte Feinde fernhalten. Hunderttausende von Arbeitern waren zum Bau der Mauer notwendig. Von den Wachtürmen aus wurden mit Flaggen und Signalfeuern Nachrichten übermittelt.

1

2

3

4

1 Die chinesische Schrift ist mehrere Tausend Jahre alt. Sie besteht aus ungefähr 87 000 Zeichen. Jedes Zeichen bedeutet ein Wort oder einen Wortteil. **2** Chinesische Seide wurde in alle Welt verkauft. Von China nach Europa führte eine Handelsstraße, die sogenannte Seidenstraße. In China wurden aus Seide kostbare Gewänder gewebt. Das besonders feine und durchsichtige chinesische Porzellan ist weltberühmt und wird seit vielen Hundert Jahren hergestellt. **3** Nudeln sind aus China nach Europa gekommen. Der italienische Kaufmann Marco Polo hat sie vor 700 Jahren von einer seiner Reisen mitgebracht. Nudelsuppe ist in China ein beliebtes Gericht. **4** Die chinesische Dschunke ist ein Holzschiff mit geflochtenen Mattensegeln. Dschunken werden noch heute verwendet und ihre Form ist seit Jahrhunderten unverändert. ⇨ Hochkulturen

Zwischen 800 und 140 v. Chr. bestand Griechenland aus vielen kleinen Stadtstaaten, Polis genannt. Der größte und mächtigste dieser Stadtstaaten war Athen. Wichtige Entscheidungen in Athen wurden auf Volksversammlungen getroffen, in denen abgestimmt wurde. Die Mehrheit bestimmte also, was geschah. Das nennt man Demokratie. In Athen lebten bedeutende Philosophen wie Sokrates, Platon und Aristoteles. Das Theater war für die Menschen ein wichtiges öffentliches Ereignis. Hoch über der Stadt auf der Akropolis wurde der Parthenon-Tempel gebaut. Er war der Stadtgöttin Athene geweiht. Auf den Märkten Athens herrschte reger Betrieb. Handwerker wie Steinmetze, Goldschmiede und Schuhmacher hatten um das Marktzentrum herum ihre Werkstätten. An den Verkaufsständen wurden Obst, Gemüse, Käse und Olivenöl angeboten.

Um 1000 v. Chr. verließen die Etrusker ihre Heimat in der Nähe von Troja und ließen sich im südlichen Italien nieder. Sie waren ein gebildetes Volk mit vielen Künstlern. 500 Jahre später wurden die Etrusker von den Römern besiegt. Die Römer hatten begonnen, ihre Nachbarstaaten zu erobern, und herrschten bald über ganz Italien. Sie besaßen eine riesige Schiffsflotte, mit der sie das Mittelmeer befuhren. Im Laufe von mehreren Jahrhunderten, in denen sie viele Kriege führten, hatten sie alle Länder am Mittelmeer besetzt. Griechenland, Kleinasien, Nordafrika, Spanien, Gallien. Auch Teile Germaniens und zuletzt England gehörten zum Römischen Reich. Die Römer forderten Abgaben aus den eroberten Gebieten und machten die Gefangenen zu Sklaven. In Ostia, dem Hafen Roms, kamen Waren aus aller Welt an.
⇨ Griechen und Römer

In Mittelamerika lebten bis vor ungefähr 1000 Jahren die Maya. Sie bauten große Städte und riesige Tempelanlagen mit hohen Pyramiden. Die Ruinen der Tempel sind bis heute erhalten. Die Maya beobachteten die Sterne und hatten bereits einen Kalender. Ihr Ballspiel war ein Teil ihres religiösen Glaubens. Der Flug des Balls stellte für sie den Weg der Sonne dar. Beim Spiel musste der Gummiball durch einen Steinring geworfen werden.

Er durfte dabei nur mit den Hüften, den Ellenbogen und dem Knie berührt werden. Bis heute ist unbekannt, warum das Volk der Maya ausgestorben ist. Nach ihnen lebten in Mittelamerika verschiedene indigene (indianische) Völker, bis sich hier vor 700 Jahren die Azteken ansiedelten. Ihre Hauptstadt war Tenochtitlán, heute Mexiko-Stadt. Der spanische Eroberer Hernando Cortez rottete die Azteken jedoch nahezu vollständig aus.

Die Ureinwohner Nordamerikas kamen vor mehr als 20 000 Jahren von Asien nach Amerika und besiedelten das Land. Im Lauf der Zeit lebten über ganz Nordamerika verteilt ungefähr 500 verschiedene Volksgruppen (Indianerstämme). Manche Indianer bauten stabile Lehmhäuser, andere lebten in Zelten ohne feste Ansiedlung. Je nachdem, ob sie im kalten Norden oder im warmen Süden lebten, trugen sie unterschiedliche Kleidung und ernährten sich anders. Wir kennen vor allem die Prärieindianer der großen Grassteppen wie zum Beispiel die Apachen, Cheyenne oder Comanchen. Einige dieser Stämme wohnten in Zelten, den Tipis. Die Männer gingen auf Bisonjagd. Das Fleisch der Tiere diente zur Ernährung. Aus Fell und Leder wurden Kleider und Zelte gefertigt. **A** Federhaube eines Kriegers **B** Lederhemd **C** Mokassins **D** Schild und Speere ⇨ Indianer

Die Zeit zwischen dem Altertum und der Neuzeit nennt man Mittelalter. Es ging vor ungefähr 500 Jahren zu Ende. Im Mittelalter bestand Deutschland aus vielen kleinen Ländern, die von den Adligen, den Königen, Herzögen, Grafen und Fürsten, regiert wurden. Sie wohnten in Burgen und ihnen gehörte das Land, das die Bauern bearbeiteten. Das Volk lebte in Dörfern und Städten und musste den Adligen Abgaben bezahlen. Die Burgen

hatten dicke Mauern und hohe Türme. Wenn Feinde die Burg erobern wollten, verwendeten sie Belagerungsmaschinen. Mit großen Rammböcken versuchten sie, das Burgtor aufzubrechen. Wurfmaschinen schleuderten brennende Fackeln ins Burginnere und die feindlichen Soldaten versuchten, über Holztürme in die Burg zu gelangen. Auch die Städte waren zum Schutz vor Angreifern von einer Ringmauer umgeben, auf der sich oben

ein Wehrgang befand. Hier standen die Soldaten und wehrten die Feinde ab. Bei Gefahr flüchteten die Bauern aus der Umgebung in die Burg oder in die befestigte Stadt. Hier lebten vor allem Händler, Handwerker und Kaufleute. Die Häuser waren aus Fachwerk gebaut. Sie bestanden aus einem Gerippe aus Holzbalken. Zwischen die Balken füllte man ein Gemisch aus Lehm und Stroh. Der Abfall wurde oft einfach auf die Straße gekippt, denn es gab keine Kanalisation. Frisches Wasser musste am Brunnen geholt und in die Häuser gebracht werden. Oben in den Häusern waren die Wohnungen, unten befanden sich die Läden der Handwerker, die ihre Waren meistens selbst verkauften. Am Markttag kamen die Bauern mit ihrem Vieh und den Früchten ihrer Felder in die Stadt. Am Tor wurde genau kontrolliert, wer in die Stadt hineinwollte. ⇨ Mittelalter

Schon vor 800 Jahren wurden zwischen Europa und Asien Waren aller Art ausgetauscht. Der italienische Kaufmann Marco Polo reiste mit seinem Vater und seinem Onkel mehrmals in die Mongolei und nach China. Er beschrieb seine Reisen später in einem Buch. Da der Weg über Land beschwerlich war, beauftragten die Spanier den Seefahrer Christoph Kolumbus, einen Seeweg nach Indien und China zu finden. Wie viele damalige

Gelehrte wusste Kolumbus, dass die Erde eine Kugel ist. Statt also über Land nach Osten zu reisen, wollte er mit Schiffen in die entgegengesetzte Richtung segeln. Das schien ihm der kürzeste Weg nach Indien zu sein. Er segelte mit drei Schiffen los und landete zwei Monate später auf einer Insel in der Karibik vor Mittelamerika. In dem Glauben, er sei in Indien, nannte Kolumbus die Einwohner Indianer. Mit dieser Reise begann die Geschichte

der Eroberung Amerikas und der anderen Teile der Welt. Spanier, Portugiesen, Engländer und Holländer erkundeten mit ihren Schiffen die unbekannte Welt und teilten sie untereinander auf. Sie bekämpften die Eingeborenen, wenn diese ihnen Widerstand leisteten, richteten in den neu entdeckten Ländern Niederlassungen ein und brachten Gold und andere Waren nach Europa. **A** Die ersten Europäer auf dem amerikanischen

Kontinent waren die Wikinger. Schon vor 1000 Jahren segelten sie mit ihren Drachenschiffen über Grönland nach Nordamerika. **B** Marco Polo auf seiner Reise nach China. **C** Der spanische Eroberer Hernando Cortez vermutete, dass die Azteken über große Goldschätze verfügten. Deshalb griff er sie an, obwohl sie ihn freundlich empfangen hatten. Die Azteken wurden fast vollständig ausgerottet. ⇨ Seefahrer

Vor ungefähr 300 Jahren wurde in England die erste Dampfmaschine erfunden. Es dauerte nochmals 50 Jahre, bis James Watt die Dampfmaschine so verbessert hatte, dass sie zum Antreiben von Maschinen verwendet werden konnte. Spinnmaschinen, mechanische Webstühle und Maschinen zum Schmieden von Eisen wurden entwickelt. Damit veränderte sich das Leben der Menschen schlagartig. Bisher hatten sie vor allem von Landwirtschaft gelebt oder als Handwerker ihre Waren selbst hergestellt und verkauft. Nun entstanden Fabriken mit Maschinen, für deren Bedienung Arbeiter gebraucht wurden. Die Menschen verließen ihre Dörfer und zogen dorthin, wo es Fabriken und Arbeit gab. Sie brauchten Wohnungen und man baute große Mietshäuser. So entstanden in kurzer Zeit große Arbeiterstädte. Das Leben hier war hart. Die Wohnungen waren

A

oft sehr eng und schmutzig. Es gab zu wenig Wasser und die qualmenden Schornsteine verpesteten die Luft. Die Menschen arbeiteten sieben Tage in der Woche und täglich bis zu 14 Stunden. Mit der Erfindung der Dampfmaschine veränderte sich auch der Verkehr. Bisher waren die Menschen mit Pferd und Wagen gereist. Nun gab es Eisenbahnen mit Dampflokomotiven, die in kurzer Zeit große Entfernungen zurücklegen konnten und die Städte miteinander verbanden. Auch in Schiffe wurde der Dampfmaschinenantrieb eingebaut und bald verschwanden die letzten Segelschiffe von den Ozeanen. **A** Um den Seeweg nach Indien abzukürzen, wurde vor 150 Jahren in Ägypten zwischen dem Mittelmeer und dem Roten Meer der Sueskanal gebaut. Die Schiffe mussten nun auf dem Weg nach Osten nicht mehr ganz Afrika umfahren. ⇨ Industrielle Revolution

1 Der Konstrukteur Graf Zeppelin wurde durch seine Luftschiffe berühmt. Im Juli 1900 startete sein Luftschiff Zeppelin 1 vom Bodensee aus zu einer erfolgreichen Probefahrt. In den folgenden Jahren beförderten Luftschiffe regelmäßig Passagiere von Friedrichshafen nach Berlin, später dann nach Brasilien und New York. **2** 1911 erreichte der norwegische Polarforscher Roald Amundsen als Erster den Südpol in der Antarktis. Zur selben Zeit war der Engländer Robert Falcon Scott auf dem Weg zum Südpol. Er kam aber erst 4 Wochen später dort an. **3** Der norwegische Forscher und Archäologe Thor Heyerdahl überquerte 1947 mit seinem Balsaholzfloß Kon-Tiki den Pazifik. Für die Strecke von Peru nach Tahiti brauchte er dreieinhalb Monate. Er wollte beweisen, dass die Südseeinseln vor vielen Tausend Jahren von Südamerika aus besiedelt wurden.

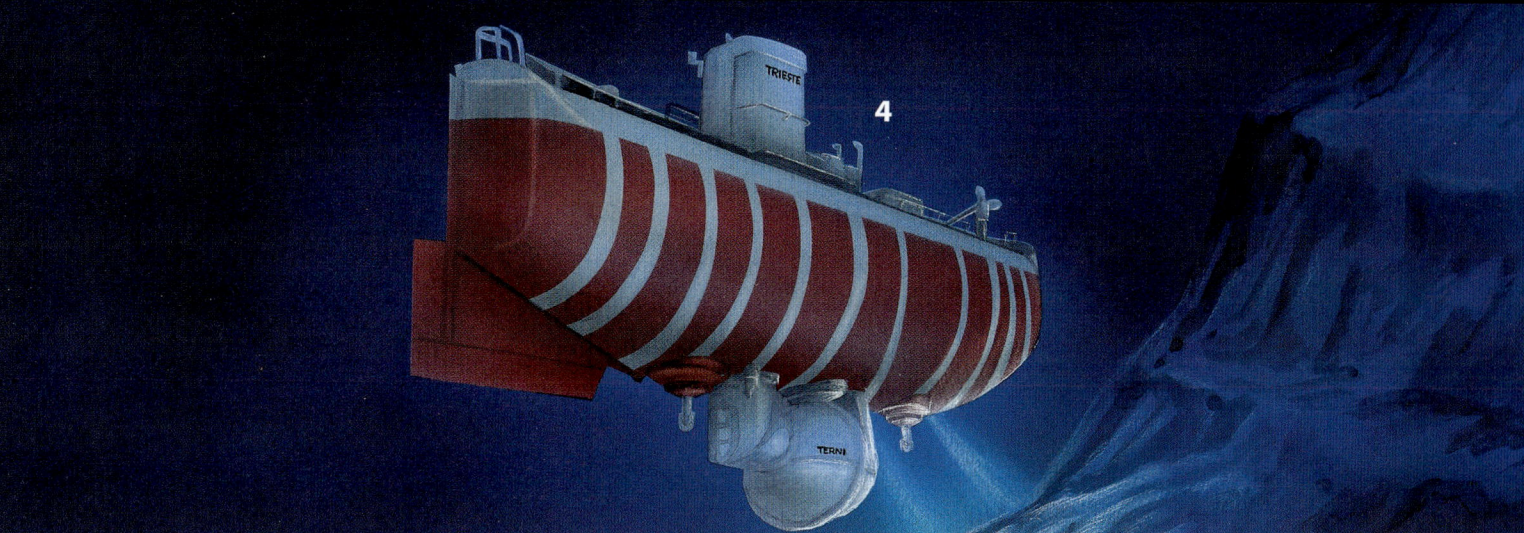

4 Der Tiefseeforscher Jacques Piccard tauchte 1960 im pazifischen Marianengraben mit seinem Unterseeboot „Trieste" auf eine Tiefe von 10 910 Metern. Am Meeresgrund sah er Fische und Garnelen, was bewies, dass sogar noch in dieser Tiefe Leben möglich ist. **5** 1969 setzte der Amerikaner Neil Armstrong als erster Mensch seinen Fuß auf den Mond. Gemeinsam mit Edwin Aldrin blieb er zweieinhalb Stunden auf dem Erdtrabanten. Sie sammelten Gesteinsproben und hinterließen eine amerikanische Flagge. **6** Der Südtiroler Bergsteiger Reinhold Messner bestieg 1978 zum ersten Mal den höchsten Berg der Erde, den Mount Everest (8848 m), ohne Sauerstoffgerät. Die Luft ist in dieser Höhe sehr dünn. Deshalb hatte es bisher niemand für möglich gehalten, dass Menschen hier ohne schwere Schädigungen überleben können. ⇨ Forscher

Aus der Welt der Pflanzen

Gärten können sehr unterschiedlich sein: mit Gemüsebeeten, Rasenflächen, Blumenbeeten, Bäumen und Sträuchern mit Beeren. In einem Garten gibt es immer etwas zu tun. Im Frühjahr werden die Samen oder kleinen Pflänzchen in die Beete gesetzt. Zuvor muss der Boden umgegraben und gelockert werden. Die Pflanzen brauchen regelmäßig Wasser und Dünger. Damit das Unkraut den Pflanzen keine Nährstoffe und Licht nimmt, wird es gejätet. Obstbäume müssen einmal im Jahr beschnitten werden, damit sie viele Früchte tragen. Der Rasen wird gemäht, wenn das Gras zu hoch wächst. Regnet es sehr wenig, wird er mit dem Sprinkler bewässert. Die Gartengeräte sind im Gartenhaus oder Geräteschuppen untergebracht. Für die Gartenarbeit braucht man viele unterschiedliche Geräte. **1** Streuwagen für Dünger und Samen **2** Sprinkler zur Bewässerung **3** Gießkanne

4 Rasenmäher **5** Dünger und Sack mit Torf **6** Schubkarre **7** Spaten **8** Elektrosense **9** Krümmer zum Lockern des Bodens **10** Pflanzensamen **11** Unkrauthacke **12** Elektrischer Heckenschneider **13** Sauzahn **14** Grabgabel **15** Rasenschere **16** Rechen **17** Pflanzschaufel **18** Setzholz **19** Rosenschere **20** Blumenkasten und Töpfe. Wer für seinen Garten Samen und Pflanzen braucht, geht in eine Gärtnerei. Hier werden auf Freibeeten und in Gewächshäusern alle Arten von Pflanzen gezüchtet. In den Baumschulen wachsen Bäume heran. Für den Kräuter-, Gemüse- und Blumengarten kann man Pflanzensetzlinge kaufen. Es gibt die unterschiedlichsten Sträucher für den Garten und auch Zimmerpflanzen. Viele Gärtnereien bieten auch Schnittblumen und frisches Gemüse an. Außerdem gibt es Blumenerde, Töpfe, Samen aller Art und Dünger. ⇨ Garten

Garten- und Wiesenblumen

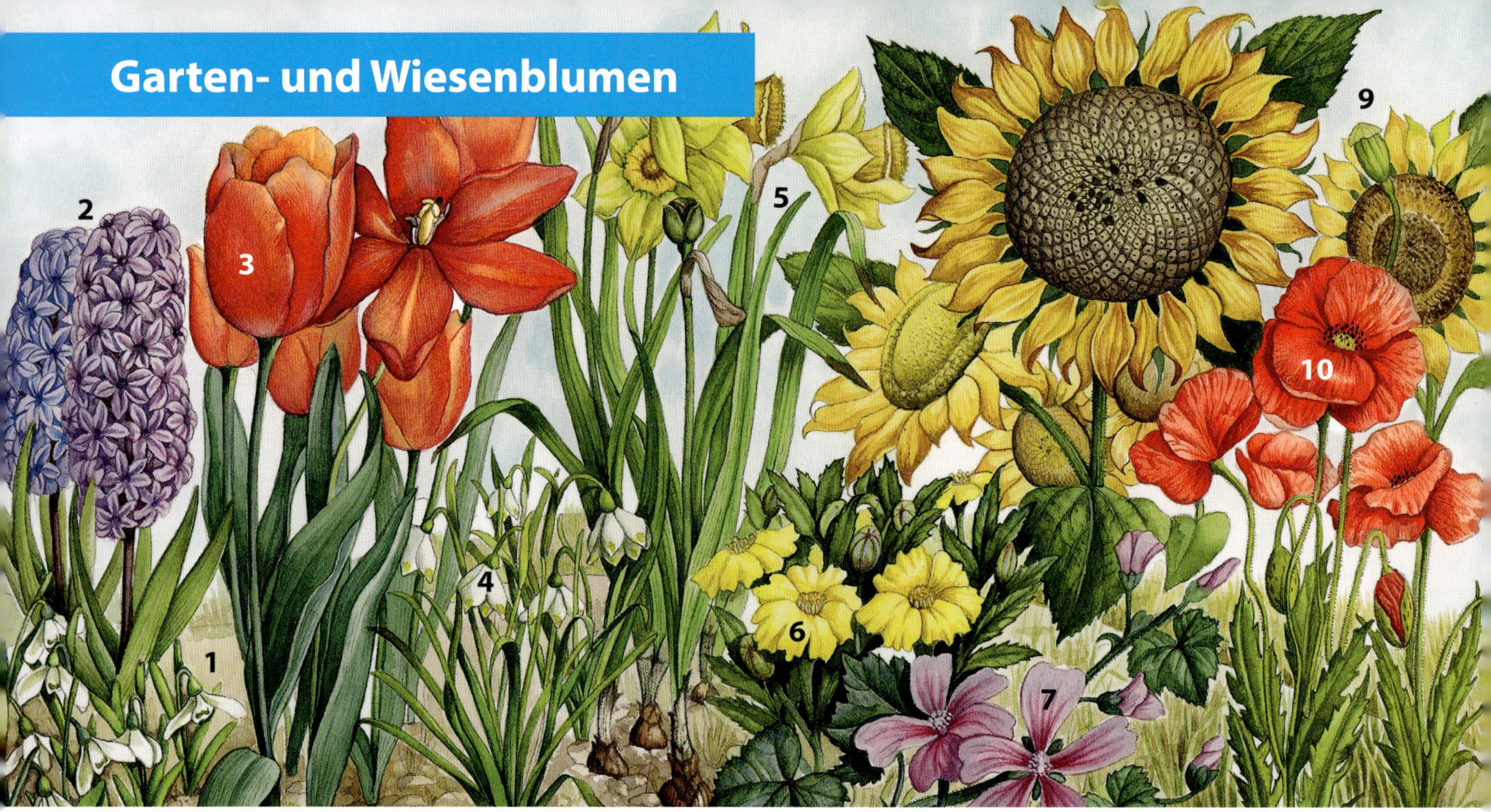

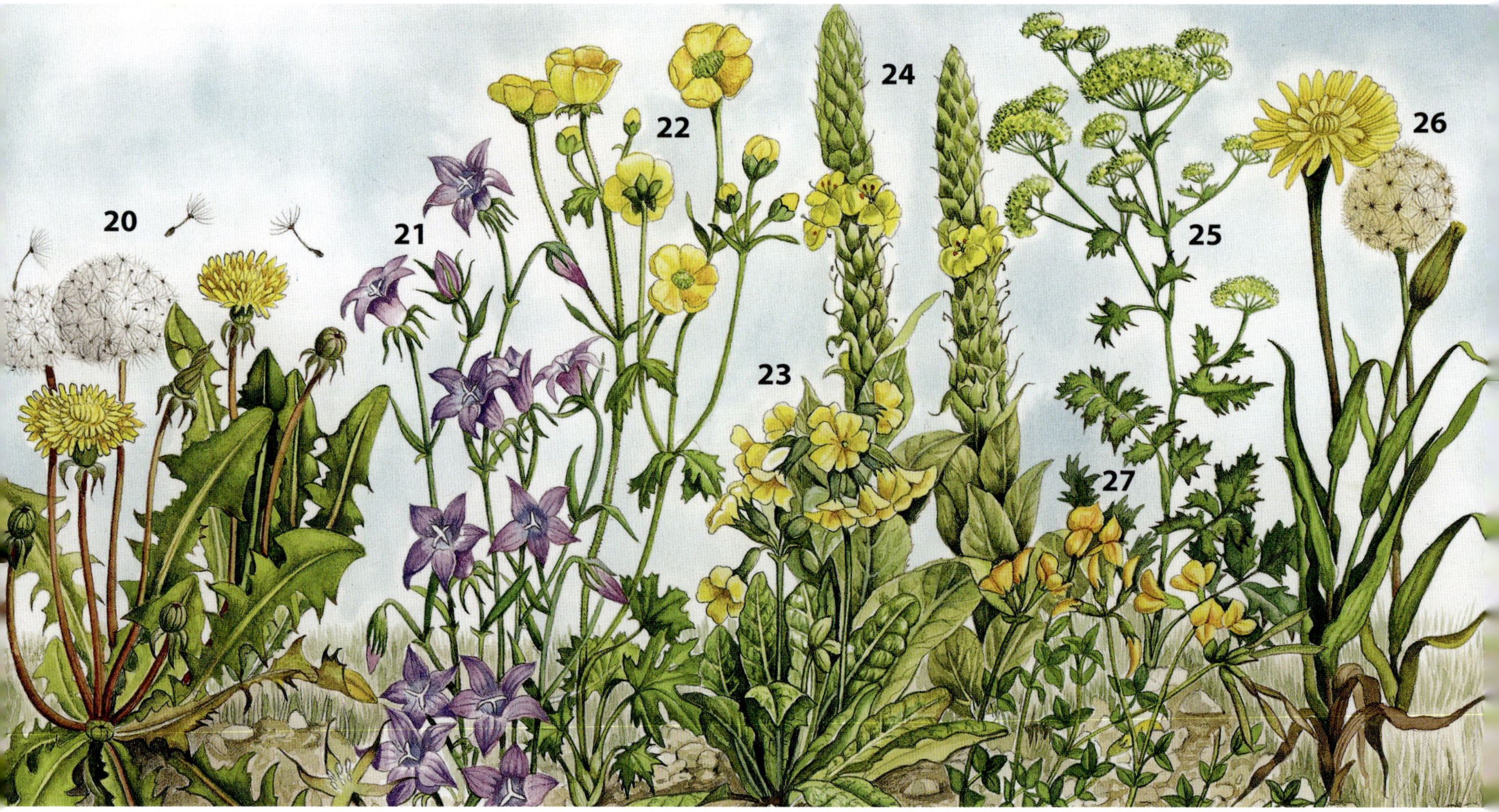

Ein Blumengarten macht das ganze Jahr über Freude. Wer seinen Garten bepflanzen will, muss wissen, welche Blumen zu welcher Jahreszeit eingepflanzt werden. Man kann auf dem Markt oder im Gartencenter junge Pflanzen kaufen, die man direkt in die Erde setzt. Oder man kauft Zwiebeln, aus denen dann die Blumen wachsen. Man kann auch Blumensamen sähen und beobachten, wie sich aus einem Keimling ein zartes Pflänzchen und schließlich eine Blume entwickelt. Im Frühling blühen **1** Schneeglöckchen, **2** Hyazinthe, **3** Tulpe, **4** Märzenbecher, **5** Narzisse, **6** Tagetes, **7** Malve, **8** Krokus. Sommerblumen sind **9** Sonnenblume, **10** Mohn, **11** Margerite, **12** Ringelblume, **13** Akelei, **14** Löwenmaul, **15** Rose und **16** Trichtermalve. Im Herbst verschönern **17** Astern den Garten. Im Winter zeigen **18** Christrose und **19** Zaubernuss ihre Blütenpracht.

Wiesenblumen sind wild wachsende Pflanzen. Man findet sie auf Feldern, Wiesen und Äckern, an Straßen, Wegen und Waldrändern. Sogar in der Stadt sieht man manchmal kleine Pflänzchen, die zwischen Pflastersteinen einen Platz zum Überleben gefunden haben. Es gibt eine große Artenvielfalt von Wiesenblumen. Durch die Verwendung von Unkrautvernichtungsmitteln in der Landwirtschaft sind jedoch einige Arten wie zum Beispiel die Kornblume vom Aussterben bedroht.

20 Löwenzahn **21** Glockenblume **22** Hahnenfuß **23** Schlüsselblume **24** Königskerze **25** Gewöhnlicher Pastinak **26** Wiesen-Bocksbart **27** Hornklee **28** Rote Lichtnelke **29** Bunte Kronwicke **30** Manns-Knabenkraut **31** Wiesenklee **32** Wiesen-Flockenblume **33** Wiesen-Storchenschnabel **34** Küchenschelle **35** Gänseblümchen **36** Wiesenkerbel ⇨ Blumen

Heimisches Obst und Obstbäume

Man unterscheidet verschiedene Arten von Obst. Äpfel und Birnen gehören zum Kernobst. In ihrem Inneren findet man ein Kerngehäuse mit den Samen. Steinobst verbirgt seine Samen in einem harten Kern, den man nur schwer knacken kann. Pflaumen, Kirschen und Pfirsiche sind Steinobst. Nüsse nennt man Schalenobst. Sie haben eine harte Außenschale und man kann ihre Kerne essen. Obst schmeckt am besten roh. Es enthält viel Vitamin C und Mineralstoffe. Obstbäume blühen im Frühjahr. Ihre Früchte werden je nach Sorte zwischen Juli und Oktober reif. **1** Apfelbäume kommen ursprünglich aus Asien. Äpfel sind die häufigste und beliebteste aller Obstsorten. Allein in Europa gibt es mehrere Hundert verschiedene Sorten. Man macht aus Äpfeln Saft, Mus, Most, Essig und Wein. Sie werden in der Zeit von Juli bis Oktober geerntet. **2** Ein Kirschbaum kann bis zu 20 m hoch

werden. Es gibt Süß- und Sauerkirschen. Sie werden in der Zeit von Juni bis Juli reif. Das Holz des Kirschbaums hat eine besonders schöne Maserung und wird daher zum Möbelbau verwendet. **3** Der Haselnussstrauch wird 2 bis 4 m hoch. Aus den Nüssen wird auch Speiseöl gewonnen. **4** Birnen enthalten sehr viel Fruchtzucker und sind deshalb sehr nahrhaft. **5** Pflaumen kann man von August bis September ernten. Sie haben eine dunkelblaue Schale, die mit einer dünnen Wachsschicht überzogen ist. **6** Walnussbäume können bis zu 30 m hoch werden. Die Kerne der Walnuss kann man roh essen. Aus ihnen wird auch Nussöl und Nusslikör hergestellt. **7** Pfirsiche haben eine pelzige Schale und einen harten, zerfurchten Kern. Auffällig ist ihre Bauchnaht. **8** Der Aprikosenbaum ist aus der Mongolei zu uns gekommen. Die Früchte schmecken säuerlich-süß. ⇨ Obst

Die Natur bietet eine große Vielfalt an essbaren Beerenfrüchten, von denen einige in Gärten und auf Feldern angepflanzt werden. Man kann diese Beeren roh essen oder Säfte, Marmelade, Gelee oder Kompott daraus machen. **1** Stachelbeeren wachsen an einem mit Stacheln bewehrten Strauch. Die Früchte sind behaart und schmecken etwas säuerlich. **2** Erdbeeren schmecken sehr süß. Allerdings verlieren sie ein paar Stunden nach dem Pflücken an Geschmack. Deshalb sollte man sie nicht zu lange aufbewahren. **3** Schwarze Johannisbeeren haben einen herben Geschmack. Man verwendet sie für Limonaden oder Fruchtgelees. **4** Die Früchte der roten Johannisbeere können eine rote, rosa, gelbliche oder grünliche Farbe haben. Sie schmecken säuerlich. **5** Brombeeren wachsen an stacheligen Zweigranken. Die reifen Früchte sind fast schwarz und sehr süß.

6 Reife Himbeeren sind weiche, rote Früchte. **7** Die blauschwarzen Heidelbeeren wachsen in Nadelwäldern und im Heideland. Ihr Strauch hat kleine, eiförmige Blätter. **8** Preiselbeeren findet man in trockenen Wäldern und auf Heideböden. Ihre Blätter sind immergrün. Aus den rotglänzenden Früchten macht man Marmelade und Gelee. Als Kompott schmecken sie gut zu Wildgerichten. **9** Walderdbeeren sind kleiner und schmecken süßer als Erdbeeren aus dem Garten. Wilde Erdbeeren wurden schon vor 4000 Jahren gesammelt. **10** Der Holunderstrauch hat schirmförmige Blütenstände. Holunderblütentee hilft bei Husten und Fieber. Aus den Früchten macht man Sirup und Säfte. **11** Wacholder wächst in Mooren, Wäldern und Heidegebieten. Seine schwarzblauen Beeren verwendet man getrocknet zum Würzen von Speisen. ⇨ Obst

Schon im Altertum kannten die Menschen die heilende Wirkung bestimmter Pflanzen und verwendeten sie, um Krankheiten zu heilen und Schmerzen zu lindern. Heilpflanzen wachsen zum Teil wild. Wenn man sie kennt, kann man sie sammeln. Man trinkt sie meistens als Tee oder nimmt Tropfen einer Tinktur zu sich. Getrocknet halten sie sich sehr lange. Manche Heilpflanzen werden zu Öl oder Salben verarbeitet und auf die Haut aufgetragen. Jede Heilpflanze hat eine eigene Wirkung. **1** Baldrian: beruhigend. **2** Brennnessel: entwässernd. **3** Fenchel: bei Blähungen. **4** Flachs, auch Lein genannt: abführend. **5** Kamille: entzündungshemmend. **6** Lindenblüten: fiebersenkend. **7** Malve: schmerzstillend. **8** Pfefferminze: bei Magenbeschwerden. **9** Salbei: bei Halsschmerzen und Husten. **10** Rosmarin: belebend. **11** Melisse: beruhigend.

Gewürze und Kräuter haben einen starken Geschmack und einen besonderen Geruch. Man verwendet sie, um Speisen zu verfeinern. Manche Gewürze wie Zimt, Pfeffer und Gewürznelken kommen aus fernen Ländern. Viele andere wachsen in Europa. Man nimmt unterschiedliche Teile der Pflanzen zum Würzen. Zimt zum Beispiel ist die getrocknete Rinde eines Baumes, Pfefferkörner sind die getrockneten Früchte des Pfefferstrauchs.

Von Basilikum, Majoran, Petersilie und Estragon verwendet man die Blätter, von Kümmel, Anis und Fenchel die Samen. Knoblauch ist die Zwiebel eines Liliengewächses. **12** Basilikum **13** Dill **14** Estragon **15** Oregano **16** Knoblauch **17** Thymian **18** Schnittlauch **19** Bohnenkraut **20** Zimt **21** Liebstöckel **22** Pfeffer **23** Kümmel **24** Gewürznelke **25** Petersilie **26** Majoran **27** Paprika ⇨ Heilpflanzen, Kräuter und Gewürze

Viele Nutzpflanzen wie Gemüse, Getreide und Kartoffeln werden auf großen Feldern angebaut. Die Bauern bearbeiten ihren Boden mit landwirtschaftlichen Maschinen. Im Frühjahr wird gepflügt und anschließend gesät. Den Sommer über wachsen die Pflanzen heran, bis sie reif sind. Für die Ernte gibt es unterschiedliche Geräte. Getreide wird mit einem großen Mähdrescher geerntet. Vorne befindet sich ein Schneidewerk, das bis zu neun Meter breit sein kann und das Getreide abschneidet. In der Dreschtrommel werden die Körner von den Getreidehalmen getrennt und fallen in den Korntank. Wenn der Tank voll ist, kommt ein Traktor mit einem Anhänger und holt die Körner ab. Das Stroh legt der Mähdrescher auf dem Feld ab. Es wird zu Ballen gepresst und in den Ställen als Streu für das Vieh verwendet. Die übrig gebliebenen Getreidestoppeln werden untergepflügt.

Getreidearten und ihre Verwendung: **1** Weizen wird für helles Brot, Brötchen, Nudeln und für süße Backwaren verwendet. Auch Kuchen werden meist aus Weizenmehl gebacken. **2** Aus Hafer macht man Haferflocken für das Müsli. Auch Plätzchen und Kräcker werden aus Hafer gebacken. Haferkörner dienen zudem als Pferdefutter. **3** Aus Roggen wird ein besonders dunkles und gesundes Brot gebacken. Als Vollkornbrot enthält es viele Nähr- und Ballaststoffe. **4** Gerste dient hauptsächlich als Viehfutter. Zusammen mit Hopfen verwendet man Gerste auch zur Herstellung von Bier. **5** Speisemais wird hauptsächlich in Südamerika und in Südeuropa angebaut. Man kann die Maiskolben gekocht oder geröstet essen oder zu Mehl verarbeiten. **6** Hirse wächst in Zentralafrika. Hirsebrei war früher bei Kindern beliebt. Die Körner dienen als Vogelfutter. ⇨ Landwirtschaft

Gemüse ist reich an Vitaminen und Mineralstoffen. Es gibt viele verschiedene Arten von Gemüse. Karotten, Radieschen und Rettiche sind die Wurzeln von Pflanzen. Blumenkohl, Rosenkohl und Wirsing nennt man Kohlgemüse. Die Salatsorten und der Spinat gehören zum Blattgemüse. Bohnen, Erbsen, Tomaten und Gurken nennt man Fruchtgemüse. Manche Gemüsesorten wie Kartoffeln kann man nur gekocht essen. Salate und Radieschen werden roh gegessen. Rot- und Weißkohl, Fenchel, Tomaten und Karotten schmecken roh und gekocht. Viele Gemüsearten kann man im eigenen Garten pflanzen. Doch die meisten Menschen kaufen Gemüse auf dem Markt oder im Geschäft. Es gibt Freilandgemüse, das auf Feldern wächst. Manche Gemüsesorten, die viel Wärme brauchen, werden in Gewächshäusern gezüchtet. Gemüsebauern aus den Niederlanden haben

sich auf diese Art des Anbaus spezialisiert. In riesigen Gewächshäusern bauen sie Tomaten, Paprika und Gurken das ganze Jahr über an. Die Pflanzen wachsen dort auf einer Art Papier in immer gleichbleibendem Klima. Alle Nährstoffe erhalten sie über Bewässerungsanlagen. Durch dieses System können ganzjährig verschiedenste Gemüsesorten zum Verkauf angeboten werden. Kritiker behaupten jedoch, Gewächshauspflanzen enthielten weniger Vitamine und hätten weniger Geschmack.

1 Kohlrabi **2** Rosenkohl **3** Weißkohl **4** Blumenkohl **5** Grüner Spargel **6** Rotkohl **7** Rote Beete **8** Radieschen **9** Wirsingkohl **10** Bohnen **11** Erbsen **12** Lauch **13** Zwiebel **14** Spinat **15** Kartoffeln **16** Rettich **17** Flaschenkürbis **18** Gartengurke **19** Feldsalat **20** Fenchel **21** Karotte **22** Kopfsalat **23** Rucola **24** Friséesalat **25** Chicorée **26** Tomate **27** Staudensellerie. ⇨ Gemüse

1 Auberginen kommen ursprünglich aus Indien und werden heute in Südeuropa angebaut. Besonders gut schmecken sie gebacken oder gegrillt. **2** Erdnüsse werden in Amerika angepflanzt. Man isst sie roh oder geröstet oder stellt aus ihnen Öl und Erdnussbutter her. **3** Paprika kommt ursprünglich aus Mittel- und Südamerika, wird heute aber auch in Europa angebaut. **4** Artischocken wachsen in Südeuropa. Der Blütenboden und der untere Teil der Blütenblätter sind essbar. **5** Maniok ist ein südamerikanischer Strauch. Seine Knollen werden zu Mehl gemahlen. Daraus backt man nahrhafte Brotfladen. **6** Der Olivenbaum ist über ganz Südeuropa verbreitet. Seine Früchte sind zunächst grün und werden dann blauschwarz. Man kann sie in Essig eingelegt essen oder zu Olivenöl verarbeiten. **7** Der Kolabaum wächst in Afrika, Südamerika und Indien. Aus seiner

Nuss wird Kola gewonnen, das man zur Herstellung von Limonade verwendet. **8** Broccoli ist verwandt mit dem Blumenkohl und wird in Italien angepflanzt. **9** Reis ist eines der wichtigsten Grundnahrungsmittel. Man baut ihn in Asien, Nordamerika und Norditalien an. Naturreis ist braun und enthält sehr viele wichtige Vitamine. **10** Bambus wächst vor allem in Asien. Die jungen Sprossen werden gekocht als Gemüse gegessen. **11** Soja ist weltweit

die wichtigste Ölpflanze. Sie wächst in Ostasien, Japan, Nord- und Südamerika, Afrika und Russland. Die Sojabohne enthält sehr viel Eiweiß und kann deshalb Fleisch ersetzen. **12** Süßkartoffeln wachsen in allen tropischen Regionen. Sie werden wie Kartoffeln gegessen. **13** Die Kokospalme ist über Südostasien, Indien und Afrika verbreitet. Aus dem Fleisch der Nuss gewinnt man Kokosfett, das ist eine Pflanzenbutter. ⇨ Gemüse

Südfrüchte wie Bananen sind bei uns besonders beliebt. Sie wachsen in den warmen bis tropisch heißen Gebieten der Erde. Einige von ihnen kommen aus dem Mittelmeerraum zu uns, andere werden über große Entfernungen mit Schiffen, Eisenbahnen und Flugzeugen transportiert. Deshalb sind sie oft teurer als einheimisches Obst. Südfrüchte haben sehr viele Vitamine und Nährstoffe. **1** Datteln (Nordafrika, Südasien) **2** Avocado (Südamerika, Südafrika, Israel) **3** Mango (Südamerika, Südasien) **4** Granatapfel (Nordasien, Ägypten) **5** Mandarine (Japan, China, Südeuropa) **6** Apfelsine (Südeuropa, Südafrika, Indien) **7** Zitrone (Südeuropa, Nordamerika) **8** Grapefruit (Nordamerika, Israel) **9** Feige (Südeuropa, Vorderasien) **10** Ananas (Mittelamerika, Indien) **11** Kaki (China, Japan, Korea) **12** Litschi (China) **13** Kiwi (China, Neuseeland) **14** Banane (Mittel- und Südamerika)

15

16

17

15 Der Kaffeebaum kommt ursprünglich aus Nordafrika und wurde vor etwa 250 Jahren von den Europäern nach Mittel- und Südamerika gebracht. Er kann bis zu 15 m hoch werden. In den Plantagen sind die Pflanzen aber höchstens 3 m hoch. Die gerösteten Kaffeebohnen enthalten Koffein, das anregend auf den Kreislauf wirkt. **16** Tee kommt ursprünglich aus China und wird heute auch in Indien, Afrika, Georgien und Japan angebaut.

Die Blätter des Teestrauchs werden getrocknet und zerkleinert. Es gibt viele verschiedene Teesorten. Die meisten von ihnen sind nach ihren Anbaugebieten benannt. **14** Der Kakaobaum wächst in Mittel- und Südamerika und in Westafrika. Seine Früchte sind 10 bis 20 cm lang und umschließen die sehr ölhaltigen Kakaobohnen. Sie werden getrocknet, zu Pulver zermahlen und zu Schokolade verarbeitet. ⇨ Südfrüchte

Laub- und Nadelbäume

1

2

3

4

5

6

7

8

Bäume haben in der Natur viele wichtige Aufgaben. Ihre Blätter verdunsten Wasser und versorgen die Luft mit frischem Sauerstoff. Die Wurzeln halten das Erdreich zusammen und schützen es vor Abtragung. Die Samenfrüchte ernähren Tiere und der Stamm dient den Menschen als Holzlieferant. Es gibt Laubbäume und Nadelbäume. Laubbäume haben oft großflächige Blätter, die sie im Herbst abwerfen. Da sie über ihre Blätter große Mengen Wasser abgeben würden, schützen sie sich so im kalten Winter vor Austrocknung. Im Frühling wachsen die Blätter nach. Nadelbäume haben dünne, schmale Blätter, die Nadeln. Sie wachsen eher in kühleren Regionen mit kurzen Sommern und wenig Sonne und werfen ihre Nadeln nicht alle gleichzeitig ab. Sie wechseln die Nadeln nach und nach und können so das Sonnenlicht besser nutzen. In den warmen Tropen sind

Bäume aus anderen Ländern

A

B

C

D

E

9

10

11

12

die Bäume das ganze Jahr über grün. Hier haben sie immer genügend Sonne und Feuchtigkeit und behalten ihr Laub das ganze Jahr über. Bäume können sehr alt werden und wachsen während ihres gesamten Lebens. Die höchsten Bäume der Welt sind die Mammutbäume in Kalifornien. Sie erreichen eine Höhe von bis zu 110 m und ihr Stamm wird bis zu 5 m dick. Sie können über 600 Jahre alt werden. Der älteste erreichte sogar ein

Alter von über 2000 Jahren. Laubbäume: **1** Eiche **2** Rosskastanie **3** Ulme **4** Rotbuche **5** Bergahorn **6** Linde **7** Birke **8** Pappel. Nadelbäume: **9** Fichte **10** Weißtanne **11** Lärche **12** Kiefer. Bäume aus anderen Ländern: **A** Olivenbaum (Mittelmeerraum) **B** Eukalyptusbaum (Australien und Indonesien) **C** Kautschukbaum (Südamerika) **D** Affenbrotbaum (Afrika) **E** Mammutbaum (Kalifornien/USA). ⇨ Bäume ⇨ Wald

Pilze wachsen in feuchten Waldgebieten und auf saftigen Wiesen. Sie haben in der Natur eine wichtige Aufgabe, denn sie ernähren sich von abgestorbenen Pflanzen. Der unterirdische Teil des Pilzes besteht aus einem feinen, wurzelähnlichen Geflecht. In der Zeit von Juli bis Oktober wachsen aus diesem Geflecht die Fruchtkörper an die Erdoberfläche, die wir Pilze nennen. Pilze, die man essen kann, heißen Speisepilze. Zum

Pilzesammeln braucht man einen Korb und ein Messer. Man dreht die Pilze am Stiel langsam aus der Erde oder schneidet sie mit einem Messer kurz über dem Boden ab. Nachdem man sie gut gesäubert hat, kann man Speisepilze braten, dünsten oder roh essen. Sie lassen sich auch gut trocknen. Dann eignen sie sich zum Würzen von Speisen. Wer Pilze sammeln geht, muss sich gut auskennen und sehr vorsichtig sein. Denn außer

ungenießbaren Pilzen gibt es auch besonders giftige Pilze. Der Grüne Knollenblätterpilz zum Beispiel ist einer der giftigsten und gefährlichsten Pilze, die es gibt. Man merkt seine Wirkung erst 10 bis 20 Stunden, nachdem man ihn gegessen hat. Giftpilze verursachen Bauchschmerzen, Atembeschwerden, Übelkeit und Schwindel. Manchmal kann eine Pilzvergiftung auch tödlich sein. Man sollte immer sofort einen Arzt aufsuchen. Aber auch giftige Pilze sind für die Natur wichtig und man sollte sie deshalb nicht mutwillig zerstören.

Essbare Pilze: **1** Wiesenchampignon **2** Steinpilz **3** Pfifferling **4** Fleischroter Speise-Täubling **5** Butterpilz **6** Maronen-Röhrling

Giftige Pilze: **7** Fliegenpilz **8** Grüner Knollenblätterpilz **9** Tiger-Ritterling **10** Kronenbecherling **11** Frühjahrsgiftlorchel **12** Pantherpilz ⇨ Pilze

Vom Leben
der Tiere

Manche Arten von Tieren lassen sich im Haus oder in der Wohnung halten. Wer sich ein Haustier zulegen möchte, muss vorher genau überlegen, wie viel Platz für das Tier vorhanden ist und wie viel Zeit man hat, sich um das Tier zu kümmern. Hunde brauchen zum Beispiel viel Auslauf, man muss mit ihnen mehrmals täglich spazieren gehen. Auch Katzen sollten die Möglichkeit haben, nach draußen zu gehen. Kleinere Tiere wie Vögel,

Kaninchen, Meerschweinchen und Schildkröten werden in Käfigen gehalten. Fische brauchen ein Aquarium. Wichtig ist, dass die Tiere genug Platz haben, regelmäßig Futter und frisches Wasser bekommen und dass der Käfig oder das Aquarium immer sauber gehalten wird. Viele Haustiere sollten mit anderen Artgenossen zusammen gehalten werden, damit sie sich nicht einsam fühlen. Exotische Tiere sollte man nicht als Haustiere

halten. Viele Vögel sterben schon beim Fang in ihrer Heimat oder beim Transport im Flugzeug. Von fünf wild gefangenen Wellensittichen überlebt nur ein einziges Tier. Außerdem können exotische Tiere nur selten artgerecht gehalten werden. Viele Käfige sind zu klein und manche Tiere wie zum Beispiel große Schlangen oder Leguane können in Gefangenschaft kaum überleben. **1** Boxer **2** Mops **3** Windhund **4** Dackel **5** Pekinese

6 Dalmatiner **7** Bernhardiner **8** Chow-Chow **9** Schäferhund **10** Golden Retriever **11** Europäische Hauskatze **12** Rote Hauskatze **13** Perserkatze **14** Russischblaue Katze **15** Siamkatze **16** Orientalische Kurzhaarkatze **17** Wellensittich **18** Unzertrennliche, Papageienart **19** Kanarienvogel **20** Goldfisch **21** Goldhamster **22** Meerschweinchen **23** Kaninchen **24** Griechische Landschildkröte ⇨ Haustiere

In Häusern gibt es manchmal Tiere, die den Menschen nicht besonders angenehm sind. Man nennt sie Schädlinge und Ungeziefer. Einige von ihnen findet man vor allem dort, wo es nicht sehr sauber ist. Andere sind nützlich oder haben zu Unrecht einen schlechten Ruf. **1** Silberfische ernähren sich am liebsten von zuckerhaltigen Lebensmittelresten. **2** Kellerasseln leben an feuchten Stellen im Haus und sind Pflanzenfresser.

3 Die Stubenfliege gehört zu den häufigsten Insekten auf der Erde. Sie ernährt sich von allerlei Abfällen. **4** Küchenschaben machen sich nachts über Lebensmittel her. **5** Hausmäuse gehören zu den Allesfressern. **6** Wanderratten leben vor allem in Abwasserkanälen und auf Müllplätzen. **7** Die Kleidermotte ernährt sich von Wolle und Fell. **8** Hausspinnen sind nützlich. In ihren Netzen fangen sie Fliegen und Mücken.

In Gärten und in der Umgebung von Häusern leben viele wilde Tiere, die sich an die Nähe der Menschen gewöhnt haben, allen voran Insekten, Vögel und Nagetiere. **9** Die Maulwurfsgrille ernährt sich von Insekten und Wurzeln. **10** Maulwürfe leben unter der Erde und sind fast blind. **11** Regenwürmer sind sehr nützlich. Sie lockern die Erde auf und belüften sie. **12** Zitronenfalter **13** Gartenspitzmäuse sind mit den Maulwürfen verwandt und ernähren sich von Insekten und Würmern. **14** Igel **15** Schnirkelschnecke **16** Die Große Wegschnecke heißt auch Nacktschnecke, weil sie kein Haus hat. **17** Die Raupe des Kohlweißlings frisst am liebsten Kohl. **18** Rotkehlchen **19** Elstern ernähren sich von Insekten, Früchten und Abfällen. **20** Hausmarder beißen manchmal die Bremsschläuche und elektrischen Kabel von Autos durch. **21** Amsel **22** Eichhörnchen ⇨ Tiere

Tiere auf dem Bauernhof

In der Landwirtschaft werden die meisten Tiere als Nutztiere gehalten. **1** Die Federn der Hausgänse werden als Füllung von Kissen und Decken verwendet. **2** Haushühner liefern den Menschen Eier und Fleisch. Leider leben nur noch wenige Hühner unter natürlichen Bedingungen. Um den großen Bedarf an Eiern zu decken, werden die Hühner oft in engen Legebatterien gehalten. **3** Hausenten und **4** Truthühner werden vor allem wegen ihres Fleisches gehalten. **5** Hunde hatten früher die Aufgabe, den Hof zu bewachen. Sie wurden auch zum Hüten der Schafherden eingesetzt. Heute leben sie auf den Bauernhöfen als Haustiere und Begleiter der Menschen. **6** Hauskatzen sind auf dem Hof sehr nützlich. Sie fangen Mäuse und andere Kleintiere. **7** Schwalben nisten gern in offenen Scheunen oder an Hausgiebeln. **8** Haustaube **9** Kaninchen werden wegen ihres Fleisches gehalten.

Früher, als man noch keine Maschinen hatte, wurden Pferde und Rinder als Arbeitstiere eingesetzt. Sie zogen Wagen und Arbeitsgeräte wie Pflug oder Egge. Heute werden Pferde nur noch zum Reiten gehalten. Es gibt Vollblutpferde, Warmblut- und Kaltblutpferde. Die meisten Freizeit- und Reitpferde sind Warmblüter. **10** Araber gehören zu den Vollblutpferden und werden im Rennsport eingesetzt. Es sind sehr kostbare Pferde.

11 Holsteiner gehören zu den Warmblutpferden. **12** Der Brabanter (auch: Belgisches Kaltblut) ist ein Kaltblüter und kann schwere Wagen ziehen. **13** Schwarzbunte Kuh mit Kälbchen. Rinder liefern den Menschen Milch, Fleisch und Leder. **14** Braunvieh **15** Hausschwein mit Ferkeln **16** Hausschafe werden wegen ihrer Wolle gehalten. **17** Hausziegen sieht man nur noch selten. Aus ihrer Milch wird Ziegenkäse hergestellt. ⇨ Tiere

Spinnen leben von Insekten und anderen Kleintieren. Sie lähmen ihre Beute mit dem Gift aus einer Drüse in ihren Mundwerkzeugen. Viele Spinnen bauen ein Netz, das ihnen zum Fangen der Beute, als Wohnung und zur Ablage ihrer Eier dient. Sie haben am Ende ihres Hinterleibes eine Spinndrüse, mit der sie die Spinnfäden erzeugen. Diese Fäden können sehr reißfest sein. Springspinnen bauen keine Netze, sondern fangen ihre Beute im Sprung. Schmetterlinge gehören zu den Insekten. Sie ernähren sich über ihren Saugrüssel von Frucht-, Blüten- und Baumsäften. Aus den Eiern der Schmetterlinge schlüpfen Raupen, die Pflanzen fressen und sich mehrmals häuten. Die Raupen verpuppen sich. Nach zwei bis vier Wochen, wenn die feste Haut der Puppe platzt, schlüpft der fertige Schmetterling heraus. Käfer sind die artenreichste Gruppe unter den Insekten. Sie haben

Staatenbildende Insekten

Bienenwabe mit **A** Königin, **B** Arbeiterinnen und **C** Maden

Nest der Roten Waldameise mit **D** Arbeiterinnen und **E** Eiern

einen harten Hautpanzer. Unter den starken Deckflügeln liegen die weichen Hinterflügel, die den Käfern zum Fliegen dienen. Viele Käfer sind Pflanzenfresser, aber es gibt auch fleischfressende und alles fressende Käfer. Alle Spinnen haben acht Beine, Insekten dagegen nur sechs. **1** Zebraspinne **2** Weberknecht **3** Springspinne **4** Wolfsspinne **5** Kreuzspinne **6** Grünes Heupferd **7** Küchenschabe **8** Grille **9** Laus **10** Floh **11** Feuerwanze **12** Ohrwurm **13** Distelfalter **14** Schwalbenschwanz mit Raupe und Puppe **15** Tagpfauenauge **16** Kleiner Fuchs **17** Kleines Nachtpfauenauge **18** Totenkopfschwärmer **19** Hornisse **20** Stechmücke **21** Libelle **22** Wespe **23** Florfliege **24** Rinderbremse **25** Hummel **26** Stubenfliege **27** Hirschkäfer **28** Maikäfer **29** Kartoffelkäfer **30** Marienkäfer **31** Buchdrucker **32** Pillendreher ⇨ Insekten ⇨ Schmetterlinge ⇨ Spinnen

Um besser fliegen zu können, haben Vögel ein besonders leichtes Skelett. Ein dichtes Federkleid schützt die Vögel gegen Regen, Wind, Kälte und Hitze. Da es sehr beansprucht wird, wechseln sie einmal im Jahr die Federn. Diesen Wechsel des Federkleids nennt man Mauser. Statt eines Unter- und Oberkiefers haben Vögel einen Schnabel, der ihnen zur Nahrungsaufnahme und zum Greifen dient. Ihre Eier legen sie in ein Nest, in dem sie meist vom Weibchen ausgebrütet werden. Nach dem Schlüpfen werden die Jungen von den Eltern ernährt, bis sie fliegen und sich selbst versorgen können. Manche Vögel wie etwa die Stare fliegen im Herbst in südliche Länder, um dort zu überwintern. Im Frühjahr kommen sie nach Deutschland zurück. **1** Rotkehlchen **2** Die Nachtigall ist einer der besten Sänger unter den europäischen Vögeln. **3** Der Haussperling, auch Spatz

genannt, lebt am liebsten in kleinen Gruppen in der Nähe von Menschen. **4** Amseln waren ursprünglich scheue Waldvögel. Heute leben sie in Städten und Dörfern, weil dort das Nahrungsangebot besser ist. **5** Haustaube **6** Schwalben sind sehr geschickte Flieger. Sie bauen ihre Nester aus Schlamm und Pflanzenteilen. **7** Mauersegler sind nicht mit den Schwalben verwandt. Man erkennt sie an den langen, sichelförmigen Flügeln. **8** Buchfink

9 Lerche **10** Elster **11** Star **12** Der Pirol lebt hoch oben in den Bäumen. Man kann ihn nur selten sehen, hört aber seine laute und schöne Stimme. **13** Der Dompfaff (Gimpel) ernährt sich besonders gern von den Knospen der Obstbäume. **14** Grünfink **15** Singdrossel **16** Der bunte Stieglitz heißt auch Distelfink, denn seine Lieblingsnahrung sind die Samen von Disteln. **17** Blaumeisen kann man im Winter an Futterhäuschen beobachten. ⇨ Vögel

Tiere in Wald und Feld

In Feldern und Wiesen leben vor allem kleine Tiere wie Vögel, Nagetiere und Insekten. **1** Feldmaus **2** Der Zaunkönig ist einer der kleinsten Vögel Europas. Sein Zwitschern jedoch ist weit zu hören. **3** Rebhuhn **4** Wachtel **5** Feldlerche **6** Feldhamster haben besonders große Backentaschen. Dort hinein stopfen sie Körner und bringen sie in ihren Bau. **7** Feldgrille **8** Feldhase **9** Wildkaninchen **10** Rehwild **11** Fasan **12** Dohle **13** Rabenkrähe

14 Türkentaube **15** Falke **16** Mäusebussard **17** Den Weißstorch sieht man nur noch sehr selten. **18** Habicht. Der Wald bietet vielen verschiedenen Tierarten Schutz und Lebensraum. Etliche Waldbewohner sind sehr scheu und man kann sie nur sehr selten beobachten. Manche Tierarten, die bei uns schon fast ausgestorben waren, hat man erfolgreich wieder angesiedelt. Im Bayerischen Wald gibt es heute wieder Luchse und in Teilen

Deutschlands hat man sogar wieder Wölfe gesehen. **19** Den Kuckuck erkennt man an seinem typischen Ruf. Das Weibchen legt seine Eier in die Nester anderer Vögel und lässt sie seinen Nachwuchs ausbrüten. **20** Eichelhäher **21** Baummarder **22** Eichhörnchen sind geschickte Kletterer. **23** Waldkauz **24** Fledermaus **25** Uhu **26** Schleiereule **27** Der Grünspecht nistet oft in verlassenen Brut- und Überwinterungshöhlen anderer Spechte.

Am liebsten frisst er Ameisen und wird daher auch als Erdspecht bezeichnet. **28** Luchs **29** Siebenschläfer leben normalerweise in Baumhöhlen. Im Herbst kommen sie manchmal auch in Häuser und rumoren auf den Dachböden herum. **30** Rotwild **31** Damwild **32** Wildschwein **33** Fuchs **34** Zauneidechse **35** Erdkröte **36** Dachse schlafen tagsüber in ihrem Bau und gehen nachts auf die Jagd. ⇨ Tiere

Tiere in Flüssen und Seen

In Flüssen und Seen und an ihren Ufern lebt eine große Vielfalt von Tieren. Gänse und Enten brüten im Schilf und ernähren sich von Wasserpflanzen. Manche Gänsearten sind Zugvögel. Wenn es im Herbst kalt wird, fliegen sie zum Überwintern in wärmere Gebiete. Zahllose Fischarten bevölkern die Flüsse, Seen und Teiche. Sie atmen unter Wasser durch ihre Kiemen. Zur Vermehrung legen Fischweibchen ihre Eier im Wasser ab. Daraus schlüpfen nach einigen Wochen kleine Fische, die man Larven nennt. Die meisten Muschelarten kommen im Meer vor. Aber auch in Flüssen und Seen gibt es Muscheln und sogar Krebse.

Linke Seite: **1** Uferschnepfe **2** Lachmöwe **3** Graugans **4** Höckerschwan mit Jungen **5** Ringelnatter **6** Blässhuhn **7** Haubentaucher **8** Stockente **9** Biber mit Bau. Aus Ästen, Steinen und Schlamm bauen die Biber ihre

Tiere der Flüsse

Bachstelze

Wasseramsel

Bachforelle

Wels

Flussmuschel

Flusskrebs

Biberburg, deren Eingang unter Wasser liegt. Sie haben harte Nagezähne und ernähren sich von Baumrinde und Pflanzen. **10** Eisvogel **11** Kanadagänse **12** Teichmolch **13** Stichling **14** Hecht. Er kann bis zu 1,40 m lang werden und ist ein gefürchteter Räuber, der sich von anderen Fischen, Fröschen und Wasservögeln ernährt. **15** Schleie **16** Flussaal. Dieser Fisch kann bis zu 1,50 m lang werden. **17** Rotauge **18** Teichmuschel

Rechte Seite: **19** Graureiher bauen ihre Nester am liebsten auf hohen Bäumen, seltener im Schilf. Sie werden bis zu 1 m groß und ernähren sich vor allem von Fischen. **20** Gemeiner Wasserläufer **21** Schilfrohrsänger **22** Löffelente **23** Feuersalamander **24** Wasserfrosch **25** Posthornschnecke **26** Zander **27** Barsch **28** Karpfen sind wichtige Speisefische und werden auch in Fischzuchtanlagen gehalten. ⇨ Tiere

An den Küsten der Nordsee und der Ostsee wird intensiver Fischfang betrieben. Deshalb sind viele Fischarten dieser Meere vom Aussterben bedroht. Außerdem erschwert die ständig zunehmende Verschmutzung des Wassers den Meerestieren das Überleben. **1** Heringe leben in riesigen Schwärmen. Ein Weibchen legt bis zu 70 000 Eier ab. **2** Kompassqualle **3** Seezungen gehören zu den Plattfischen. Sie sehen aus wie flache Scheiben.

Ihre Unterseite ist weiß. Beide Augen sitzen auf der gesprenkelten Oberseite. Seezungen können sich im Sand eingraben, sodass nur noch die Augen zu sehen sind. **4** Der Kabeljau lebt vorwiegend in kalten Gewässern und kann bis zu 50 kg schwer werden. In der Ostsee heißt er Dorsch. **5** Makrele **6** Schollen gehören wie die Seezungen zu den Plattfischen. Wenn sie schwimmen, bewegt sich ihr Körper in Wellenbewegungen fort.

7 Seehunde gehören zur Gruppe der Robben. Sie sind geschickte Schwimmer und jagen Fische, Tintenfische und Krebse. **8** Strandseeigel haben unter ihren Stacheln eine runde Kalkschale. **9** Sandklaffmuschel **10** Herzmuscheln ernähren sich von Algen und Kleinstlebewesen. **11** Der Gemeine Seestern bewegt sich mit Saugfüßen an der Unterseite seiner Arme fort. Die Saugfüße benutzt er auch zum Öffnen von Muscheln.

12 Miesmuscheln bilden an Steinen und Pfählen große Muschelbänke. **13** Taschenkrebs **14** Strandkrabbe **15** Fischadler sind sehr selten geworden, weil ihnen immer weniger Nahrung zur Verfügung steht. **16** Seeschwalben sind mit den Möwen verwandt. Sie legen ihre Eier ohne Nest in den Sand oder auf Wiesen. **17** Heringsmöwe **18** Silbermöwe **19** Alpenstrandläufer **20** Seeregenpfeifer ⇨ Tiere

Tiere, die in den Bergen leben, sind an diese karge
Umgebung und das raue Klima angepasst. Das Gelände ist oft unwegsam und die steinigen Böden bieten
nicht sehr viel Nahrung. **1** Murmeltiere leben in großen
Gruppen zusammen. Sie sind sehr wachsam und wenn
Gefahr droht, pfeifen sie laut zur Warnung. **2** Schneehasen schützen sich vor Feinden, indem sie das Fell
ihrer Umgebung anpassen. Im Sommer sind sie braun
und im Winter färbt sich ihr Fell weiß. **3** Steinböcke sind
hervorragende Kletterer. Sie leben vor allem in felsigen Gebieten oberhalb von 2000 m Höhe. **4** Gämsen
leben am liebsten im Rudel. Ihr Kopf hat eine auffällige
schwarzweiße Zeichnung. **5** Steinadler erreichen eine
Flügelspannweite von ungefähr 2,20 m. Weil sie in den
Alpen sehr selten geworden sind, stehen sie unter
Naturschutz. **6** Alpenkrähen gehören zur Familie der

Rabenvögel und sind Allesfresser. **7** Der Tannenhäher hat ein schokoladenbraunes Gefieder mit weißen Tupfen. **8** Wildkatzen sind sehr scheu. Sie ähneln Hauskatzen, sind aber größer und massiger. **9** Der Mauerläufer baut sein Nest in Felsspalten. **10** Das Moorschneehuhn hat wie der Schneehase ein Sommer- und ein Winterkleid. **11** Der Alpensalamander kann bis zu 16 cm lang werden und hat eine glänzend schwarze Farbe.

12 Alpenmolche brauchen zum Überleben eine feuchte Umgebung. Das Weibchen legt seine Eier als Laich an Wasserpflanzen ab. **13** Kreuzottern gehören zu den Giftschlangen. Sie sind aber für Menschen weitgehend ungefährlich und beißen nur, wenn sie angegriffen werden. **14** Bergeidechsen verbringen den Winter in Kältestarre. Nach 8 bis 9 Monaten wachen sie wieder auf.
⇨ Tiere

Die Wohnungen der Tiere dienen zur Aufzucht der Jungen und zum Schutz vor Feinden. **1** Vögel bauen Nester aus Pflanzenteilen und anderen Materialien. In die Nester legen sie ihre Eier und bebrüten sie bis zum Ausschlüpfen der Jungen. **2** Spinnen verwenden ihre Netze nicht nur zum Fangen ihrer Beute, sie legen auch ihre Eier im Netz ab. Zum Bau des Netzes spannt die Spinne zuerst lange Fäden über Kreuz und zieht dann von der Mitte aus einen Faden in immer größer werdenden Kreisen nach außen. **3** Wespennester sind rund und sehen aus wie dünnes, graues Papier. Sie werden von den Arbeiterinnen aus zerkauten Pflanzen gebaut. Die Königin legt ihre Eier in den Waben ab. **4** Füchse ziehen ihre Jungen meist in geschützten, unterirdischen Bauten auf. Nach ungefähr 11 Wochen verlassen die Jungen den Bau zum ersten Mal.

Manche Tierarten schützen sich durch Tarnung vor ihren Feinden. Sie haben die Farbe oder das Muster ihres Körpers so an die Umgebung angepasst, dass sie kaum zu erkennen sind. Manchmal tarnen sich Tiere auch durch eine besondere Körperhaltung. **5** Rohrdommeln richten sich bei Gefahr ganz gerade auf und recken den Kopf senkrecht nach oben, sodass man sie zwischen den Schilfhalmen kaum sieht. **6** Die Raupe des Weinschwärmers ist grell gefärbt und hat kleine Flecken, die wie Schlangenaugen aussehen. Damit erschreckt sie ihre Feinde. **7** Die Flügel der Kiefernschwärmer haben die Farbe von Baumstämmen. Dieser Schmetterling lebt in Nadelwäldern und seine Raupen ernähren sich von Baumrinde. **8** Das Hermelin hat im Sommer ein braunes Fell. Im Winter wird das ganze Fell weiß, nur die Schwanzspitze bleibt schwarz. ⇨ Tiere

1 Islandpferde gehören zu den kleinsten Pferderassen, den Ponys. 2 Papageientaucher leben an den Küsten Nordeuropas. Sie haben einen bunten Schnabel und rote Schwimmfüße. 3 Elche bewohnen die Waldgebiete Skandinaviens. Sie fressen Blätter, Zweige und Baumrinde, aber auch Wasserpflanzen. 4 Berglemminge leben in den Hochlagen Nordeuropas. 5 Saatgänse sind Zugvögel. Sie brüten in den Sumpfgebieten des hohen Nordens und ziehen zum Überwintern nach Mitteleuropa. 6 Moschusochsen sind bei uns fast ausgestorben. In Schweden und Norwegen hat man sie wieder angesiedelt. 7 Rentiere werden von den Samen in Finnland und Norwegen als Nutztiere gehalten. 8 Das Wisent war vor etwa hundert Jahren in Europa ausgerottet. In Polen und Weißrussland wurde es wieder angesiedelt. 9 Zobel gehören zur Familie der Marder und leben in der

Taiga Russlands. **10** Der Europäische Nerz kommt nur noch in Osteuropa vor. **11** Der Tigeriltis lebt in Osteuropa und Asien. **12** Griechische Landschildkröten sind über den ganzen Süden Europas verbreitet. **13** Mauergeckos kommen bei Dunkelheit aus ihren Verstecken, um Insekten zu jagen. Man sieht sie in Italien, Südfrankreich, Spanien und Portugal. **14** Skorpione haben einen gekrümmten Giftstachel. Sie sind weltweit verbreitet.

Auch am Mittelmeerraum gibt es Skorpione. Für Menschen sind diese aber ungefährlich. **15** Den Wiedehopf erkennt man an seinem auffälligen Gefieder mit dem Federschopf auf dem Kopf. **16** Flamingos ernähren sich von winzigen Tieren und Pflanzen, die sie im Wasser finden. Sie kommen in Südfrankreich und Spanien vor. **17** Berberaffen gibt es in Europa nur in Gibraltar im Süden Spaniens. ⇨ Tiere

1 Wenn Löwen sich von der Jagd ausruhen, liegen sie am liebsten im Schatten und dösen. Sie leben südlich der Sahara. **2** Die Schimpansen in West- und Zentralafrika gehören zu den Menschenaffen. **3** Die Paviane Mittel- und Ostafrikas legen bei der Nahrungssuche bis zu 20 Kilometer zurück. **4** Der Felsenpython in Mittel- und Südafrika wird bis zu 5 m lang. **5** Leoparden sind wegen ihres begehrten Fells von der Ausrottung bedroht. **6** Webervögel leben südlich der Sahara und bauen Nester aus Grashalmen. **7** Die Elenantilope im südlichen und östlichen Afrika ist die größte Antilopenart. **8** Der Marabu ernährt sich von Aas. Verbreitungsgebiet: südlich der Sahara. **9** Der Afrikanische Elefant ist das größte auf dem Land lebende Säugetier. Er lebt südlich der Sahara. **10** Die Giraffen kommen mit ihren langen Hälsen auch an die Blätter hoher Bäume heran.

Verbreitungsgebiet: Ost- und Südafrika. **11** Das Spitz-maulnashorn lebt in Süd- und Ostafrika und kann bis zu 1500 kg schwer werden. **12** Die Zebras in Ost- und Süd-afrika sind Verwandte der Pferde. **13** Der Strauß kann nicht fliegen, er legt aber die größten Eier, die es gibt. Er lebt südlich der Sahara. **14** Krokodile, auch Panzer-echsen genannt, bevölkern Fluss- und Sumpfgebiete. **15** Flusspferde halten sich am liebsten im Wasser auf.

Ihr Verbreitungsgebiet: südlich der Sahara. **16** Das Dro-medar hat nur einen Höcker und kommt in Nordafrika vor. **17** Der Fennek Nordafrikas wird auch Wüstenfuchs genannt. **18** Kaffernbüffel haben auffällig gebogene Hörner. Sie leben südlich der Sahara. **19** Pelikane ernäh-ren sich von Fischen und leben im tropischen und südli-chen Afrika. **20** Erdferkel fressen Termiten und sind süd-lich der Sahara anzutreffen. ⇨ Tiere

Tiere in Asien

Tiere im asiatischen Teil Russlands: **1** Braunbären halten 5 bis 6 Monate Winterruhe. **2** Siebenschläfer sind geschickte Kletterer. **3** Sibirische Tiger gehören zu den größten Tigerarten. **4** Gleithörnchen haben eine Flughaut zwischen Vorder- und Hinterbeinen, die sie bei weiten Sprüngen durch die Luft trägt. **5** Wölfe sind die wilden Vorfahren des Haushundes. **6** Baikalrobben leben im Baikalsee, dem tiefsten See der Erde. Tiere in

Indien: **7** Hanuman-Languren sind bei den Hindus heilige Tiere. **8** Das Indische Nashorn hat nur ein Horn. **9** Der Asiatische Elefant hat kleinere Ohren als sein afrikanischer Artgenosse. **10** Wasserbüffel dienen in Indien als Zugtiere. **11** Der Königstiger (auch: Bengaltiger) kommt nur noch in wenigen Schutzgebieten vor. Tiere in Südostasien: **12** Bisse von Brillenschlangen sind für Menschen sehr gefährlich. **13** Der Orang-Utan lebt in

Urwäldern und ist ein geschickter Kletterer. **14** Meeres-schildkröten werden bis zu 1,40 m lang. **15** Sikahirsche gab es ursprünglich nur in Asien. Inzwischen sind sie auch in Europa verbreitet. **16** Mandarinenten brüten in Baumhöhlen. Tiere in Japan: **17** Der Japanmakak gehört zur Affenfamilie der Meerkatzen. **18** Der japanische Riesensalamander wird bis zu 1,5 m lang und ist die größte lebende Lurchart. Tiere in China: **19** Pandabären

ernähren sich von Bambus. **20** Der Koklas-Fasan frisst Pflanzenteile und Samen. **21** Der Kragenbär hat seinen Namen von der kragenartigen Färbung seines Halsfells. **22** Das Yak kommt nur im Hochland von Tibet vor. **23** Das Zweihöckrige Kamel, auch Trampeltier genannt, speichert in seinen Höckern Fett als Nahrungsreserve. **24** Das Przewalski-Pferd (auch: Mongolisches Wildpferd) ist ein Urahn unserer Hauspferde. ⇨ Tiere

Nordamerika: **1** Seeotter leben an den Küsten Nordamerikas. **2** Waschbären suchen im Wasser nach Schnecken und Würmern. **3** Streifenhörnchen haben große Backentaschen zum Transport ihrer Nahrung. **4** Wenn ein Stinktier angegriffen wird, verspritzt es eine stinkende Flüssigkeit. **5** Schwarzbären ernähren sich von Fleisch, Gras und Beeren. **6** Der Grizzlybär gehört zu den größten Landraubtieren. **7** Klapperschlangen haben am Schwanzende Ringe aus Hornschuppen, mit denen sie bei Gefahr klappern. **8** Kojoten heißen auch Präriewölfe. **9** Präriehunde leben in großen Kolonien zusammen. **10** Nördliche Seebären haben ein sehr dichtes und wolliges Fell. **11** Der amerikanische Bison kann bis zu 800 kg schwer werden. **12** Pumas jagen in unzugänglichen Gegenden. **13** Der Weißkopf-Seeadler, das Wappentier der USA, ernährt sich von Fischen.

Südamerika: **14** Kolibris ernähren sich von süßem Blü-
tennektar. Sie sind die einzigen Vögel, die rückwärts-
fliegen können. **15** Das Neunbinden-Gürteltier hat einen
Panzer, in den es sich bei Gefahr einrollt. **16** Vogelspin-
nen bauen kein Netz. Sie töten ihre Beute mit Giftklau-
en. **17** Der Jaguar ist von der Ausrottung bedroht. Er
wird wegen seines Felles von den Menschen gejagt.
18 Ameisenbären haben eine lange, schmale Schnauze.

An der dünnen, klebrigen Zunge bleiben Ameisen und
Termiten hängen. **19** Die Große Anakonda ist eine der
größten Schlangen der Welt. Sie wird bis zu 9 m lang.
20 Kaimane gehören zur Familie der Krokodile und kommen nur in Amerika vor. **21** Zweifinger-Faultiere können
bis zu 40 Jahre alt werden. **22** Der Riesentukan hat einen
großen, gelben Schnabel. **23** Gelbbrustaras leben in den
tropischen Regenwäldern. ⇨ Tiere

1 Der Kiwi gehört zu den Laufvögeln und kommt nur in Neuseeland vor. Tiere in Australien: **2** Der Schnabeligel ist eines der wenigen Säugetiere, die Eier legen. **3** Der Dornteufel lebt in der Wüste. Er kommt mit sehr wenig Wasser aus und frisst nur Ameisen. Obwohl er gefährlich aussieht, ist er harmlos. **4** Merinoschafe werden in großen Herden gehalten. Sie liefern eine dichte, weiße Wolle. **5** Der Emu hat Flügel, kann aber nicht fliegen. Dank

der kräftigen Beine ist er ein guter und schneller Läufer. **6** Der Gelbhaubenkakadu gehört zur Familie der Papageien. Er trägt eine auffällige Federhaube auf dem Kopf. **7** Wellensittiche sind gesellige Vögel und bilden oft große Schwärme. Ihr Gefieder kann sehr unterschiedliche Farben haben. Es gibt gelbe, grüne, graue, blaue und weiße Wellensittiche. Sie sind als Haustiere sehr beliebt. **8** Der Lachende Hans hat eine Stimme, die sich anhört,

Tiere in Ozeanien

Paradiesvogel
(Neuguinea)

Helmkasuar
(Neuguinea)

Kleiner Mungo
(Fidschi-Inseln)

Komodowaran
(Mikronesien)

als würde er lachen. Er baut sein Nest in Baumhöhlen und manchmal auch in Erdhöhlen. **9** Der Koala sieht aus wie ein Bär, gehört aber zu den Beuteltieren. Nach der Geburt krabbeln die Jungen in den Beutel der Mutter und wachsen dort heran. Wenn sie größer sind, tragen die Mütter sie auf dem Rücken. Koalas fressen Blätter, Rinde und Früchte von Eukalyptuspflanzen. **10** Der Australische Dingo ist ein Nachfahre indonesischer

Haushunde, die vor langer Zeit nach Australien gebracht wurden und verwilderten. Er jagt Kaninchen und auch größere Säugetiere. **11** Das Rote Riesenkänguru macht bis zu 10 m weite Sprünge und kann eine Geschwindigkeit von 60 km/h erreichen. Es zieht seine Jungen nach der Geburt in seinem Bauchbeutel auf. **12** Die Kragenechse spreizt zur Abschreckung einen breiten Hautkragen ab, wenn sie sich bedroht fühlt. ⇨ Tiere

Arktis: Der größte Teil der Arktis besteht aus vereistem Polarmeer. Außerdem gehört Grönland zur Arktis und Landflächen in Kanada, Alaska und Russland. In den eisfreien Gebieten gibt es nur spärlichen Pflanzenbewuchs, sodass in der gesamten Arktis nur wenige Tiere leben. **1** Eismeer-Ringelrobben haben eine dicke Speckschicht zum Schutz gegen die Kälte. Sie können bei der Nahrungssuche lange unter Wasser bleiben.

2 Der Polarfuchs ist klein und gedrungen. Im Sommer hat er ein braunes Fell und im Winter trägt er sein weißes Winterkleid. **3** Klappmützen gehören zu den Robbenarten. Sie haben eine auffällig große Nase. **4** Walrosse ernähren sich von Schnecken und Muscheln, die sie mit ihrem Maul vom Meeresboden aufsaugen. **5** Eisbären sind gute Jäger und geschickte Schwimmer. **6** Küstenseeschwalben

Antarktis: Die Antarktis ist das kälteste Gebiet der Erde. Sie ist ein Kontinent, der mit einer mächtigen Eisschicht bedeckt ist, die bis zu 4 km dick sein kann. Hier leben nur Pinguine, Robben und einige Seevögel. Pinguine gehören zu den Vögeln, aber sie können nicht fliegen. Dafür sind sie sehr gute Schwimmer und verbringen die meiste Zeit ihres Lebens im Wasser. An Land watscheln sie mit ihrem typischen Gang oder rutschen auf dem Bauch über das Eis. Ihre Nester bauen sie aus Geröll. Bei den **7** Königspinguinen brütet das Männchen das Ei in einer Bauchfalte aus. Pinguine leben auf unwirtlichen Eisflächen, wo es kein Nistmaterial gibt. Sie ernähren sich von kleinen Garnelen, Fischen und Tintenfischen. **8** Felsenpinguin **9** Adeliepinguin **10** Eselspinguin **11** Weddellrobbe **12** Rossrobbe **13** Weißkinn-Sturmvogel **14** Antarktis-Kormoran ⇨ Tiere

Im Meer lebt eine unglaubliche Vielfalt von Tieren und Pflanzen. Es gibt Kleinstlebewesen wie das mikroskopisch kleine Plankton und riesige Wale. Es gibt Fische, Muscheln, Seesterne, Schnecken, Quallen, Korallen, Kraken, Algen und Schwämme. An der lichtdurchfluteten Oberfläche leben andere Tiere und Pflanzen als in der kalten Tiefseezone, in die kein Licht vordringt. Sogar in einer Tiefe von 10 000 Metern gibt es noch Lebewesen.

Im Pazifik und im Indischen Ozean leben andere Arten als im Atlantik und im kalten Nordmeer. Die Welt der Korallenriffe ist besonders farbenprächtig. Die Korallentiere bilden Kolonien in den unterschiedlichsten Formen und Farbtönen. Die Fische des Korallenriffs haben leuchtende Farben, mit denen sie Artgenossen zeigen, dass ihr Revier schon besetzt ist. Das größte Korallenriff ist das Große Barriereriff an der Ostküste von Australien. Durch

die zunehmende Erwärmung und Verschmutzung der Meere sind die Riffe heute in großer Gefahr. Auch die Überfischung der Meere ist problematisch, denn sie bedroht den Bestand vieler Tierarten. **1** Seestern **2** Seeschnecke **3** Rochen **4** Seeigel **5** Languste **6** Seepferdchen **7** Seeanemone **8** Sardinen **9** Meduse **10** Delfin **11** Schwertfisch **12** Blauhai **13** Heilbutt **14** Thunfisch **15** Meeresschildkröte **16** Pelikanfisch **17** Pottwal **18** Riesentintenfisch **19** Anglerfisch **20** Blauwal **21** Irukandji-Qualle **22** Weißer Hai **23** Hammerhai **24** Pilotenfisch **25** Papageifisch **26** Rindenkoralle **27** Schmetterlingsfisch **28** Lederkoralle **29** Steinkoralle **30** Nautilus **31** Kaiserfisch **32** Fächerkoralle **33** Pinzettenfisch **34** Riesenmuschel **35** Blauer Seestern **36** Steinfisch **37** Trompeterfisch **38** Clownfisch **39** Seeanemone **40** Seeschnecke. ⇨ Tiere

In den letzten 400 Jahren sind auf der ganzen Welt ungefähr 200 Säugetier- und Vogelarten ausgestorben. Auch heute sind viele Tierarten bedroht. Eine Ursache für das Aussterben ist die Jagd durch den Menschen. Eine andere die Zerstörung und Verschmutzung der Natur. Durch die Abholzung der tropischen Regenwälder beispielsweise verlieren viele Tiere und Pflanzen ihren Lebensraum. In den letzten Jahren haben die Menschen erkannt, wie wichtig die Erhaltung der Natur ist. Es sind internationale Gruppen entstanden, die auf die Umweltzerstörung hinweisen und sich für den Tierschutz einsetzen. Die Gruppe Greenpeace zum Beispiel versucht immer wieder, Walfangschiffe aufzuhalten und das Töten der Tiere zu verhindern. Denn einige Länder umgehen das internationale Walfangverbot. In vielen Teilen der Welt wurden zum Schutz der Tiere Nationalparks

Ausgestorbene Tierarten

Dodo

Moa

Quagga

Riesen-
gürteltier

Abholzung des tropischen Regenwaldes

Krüger Nationalpark in Südafrika

Wiedereingebürgerte Tierarten

Braunbär

Luchs

Fischotter

Biber

Legebatterie für Hühner

Frei laufende Hühner

eingerichtet. Hier leben die Tiere in einem großen abgeschlossenen Gebiet und dürfen nicht gejagt werden. Einige Tierarten, die in Mitteleuropa schon fast ausgestorben waren, wurden inzwischen wieder eingebürgert: Heute leben in vielen Ländern Europas wieder Biber. Im Bayerischen Wald und in der Schweiz gibt es Luchse. Und in Österreich wurden Braunbären und Fischotter angesiedelt. Tiere sind aber nicht nur durch

Ausrottung bedroht, sondern auch durch falsche Haltung. Schweine, Rinder und Hühner werden oft auf engstem Raum eingesperrt, um für die Menschen einen möglichst großen Nutzen zu bringen. Damit die Tiere nicht krank werden, erhalten sie Medikamente. Viele Bauernhöfe haben inzwischen wieder eine natürliche Haltung eingeführt, bei der die Tiere Platz haben und gesund leben können. ⇨ Tierschutz

Afrika (S. 90/91) ist großteils ein heißer, tropischer Kontinent. Nur auf dem Gipfel des Kilimandscharo und auf den Bergen des Hohen Atlasgebirges in Marokko fällt Schnee. Zwischen diesen beiden Gebirgen erstreckt sich die Wüste Sahara. Wegen ihrer Trockenheit und ihres Wassermangels ist sie kaum bewohnt. Ganz anders als im Norden Afrikas sieht die Landschaft in Zentralafrika rund um den Äquator aus. Hier ist das Klima das ganze Jahr über feuchtheiß und der Pflanzenwuchs in den undurchdringlichen Regenwäldern ist üppig. In diesem Dickicht leben Menschenaffen wie Gorillas, Schimpansen und Bonobos, das sind Zwergschimpansen. Da die Regenwälder immer mehr abgeholzt werden, sind diese Affenarten vom Aussterben bedroht. In Afrika leben zurzeit ungefähr 1 Milliarde Menschen, zum Teil in modernen Städten wie Casablanca oder Kapstadt, die meisten aber auf dem Land in sehr einfachen Verhältnissen. Wie in vielen Gebieten der sogenannten dritten Welt ist auch in Afrika ein Großteil der Bevölkerung sehr arm. Viele Kinder gehen niemals auf eine Schule. Die Eltern haben kein Geld dafür und die Kinder müssen bei der Arbeit der Eltern mithelfen. Ein sehr großes Problem in Afrika sind die Hungersnöte, die durch große Dürren und Überschwemmungen entstehen. Außerdem leiden viele Menschen an schweren Krankheiten wie Malaria, AIDS oder Ebola. In den letzten 50 Jahren ist die medizinische Versorgung in Afrika viel besser geworden. Trotzdem sind immer noch zu wenige Ärzte und Medikamente vorhanden, um alle kranken Menschen zu behandeln. Deshalb wird Afrika von reicheren Ländern durch Spenden und Hilfeleistungen unterstützt.

Ägypten (S. 122/123) siehe Hochkulturen

Amerika (S. 92/93) Dieser Doppelkontinent erstreckt sich fast vom Nordpol bis zum Südpol. Er ist unterteilt in Nord-, Mittel- und Südamerika. Die Landschaft ist sehr vielfältig und es gibt viele Sehenswürdigkeiten wie die Niagarafälle, den Grand Canyon und riesige Naturschutzparks. Entlang der gesamten Westseite Amerikas verläuft von Nord nach Süd ein langes Kettengebirge. In Nordamerika wird dieses Gebirge Rocky Mountains genannt, in Südamerika heißt es Anden. Nachdem 1492 der Seefahrer Christoph Kolumbus in Mittelamerika gelandet war, eroberten Spanier, Portugiesen und später die Engländer und Franzosen den Kontinent. Immer mehr Menschen aus Europa und Asien wanderten vor allem in Nordamerika ein. Gleichzeitig wurden afrikanische Gefangene verschleppt, um in Amerika als Sklaven zu arbeiten. Deshalb haben die heutigen Amerikaner Vorfahren unterschiedlichster Herkunft. In Amerika gibt es viele interessante Großstädte wie zum Beispiel New York oder Rio de Janeiro. Die beiden Staaten

Nordamerikas, die USA und Kanada, gehören zu den reichsten Ländern der Welt. Dagegen herrscht in den Staaten Mittel- und Südamerikas zum Teil noch große Armut. Das Land dort gehört oft einzelnen Großgrundbesitzern und die Kleinbauern können von ihrer Arbeit kaum überleben. Viele verlassen deshalb ihre Dörfer und ziehen in der Hoffnung auf Arbeit in die großen Städte. Doch hier leben sie an den Stadträndern in den sogenannten Slums in armseligen Wellblechhütten. Amerika wird oft von Naturkatastrophen heimgesucht. Entlang der Westküste entstehen häufig Erdbeben. Im Jahr 1906 wurde die kalifornische Stadt San Francisco durch ein Erdbeben nahezu völlig zerstört. Der Süden der USA wird alljährlich von Hurrikanen und Tornados heimgesucht. Das sind schwere Wirbelstürme, die große Verwüstungen und Überschwemmungen auslösen können.

Asien (S. 88/89) ist ein riesiger Kontinent. Er erstreckt sich von der Arktis im Norden bis hinunter zum Äquator. Deshalb sind die Landschaften hier sehr vielfältig. Der Himalaja ist das längste und höchste kontinentale Gebirgssystem der Erde. Sein höchster Berg, der Mount Everest, ist 8846 m hoch. Nördlich des Himalajas breiten sich die riesigen Weiten Sibiriens aus, die wegen ihres rauen Klimas nur dünn besiedelt sind. In Süd- und Südostasien dagegen liegen einige der fruchtbarsten Anbaugebiete der Erde. Südlich des Himalajas erstreckt sich Indien und im Osten schließt sich China an. Dies sind die bevölkerungsreichsten Länder der Erde. In China leben zurzeit etwa 1,3 Milliarden, in Indien rund eine Milliarde Menschen. Während die Stadtbewohner dieser Länder in immer besseren Verhältnissen leben, herrscht auf dem Land meist noch bittere Armut. Die arabischen Staaten in Vorderasien gehören zum Trockengürtel der Erde. Hier ist das Land großteils karg und wüstenhaft. In Vorderasien befinden sich die größten Erdöl- und Erdgasvorkommen der Erde, und zwar rund um den Persischen Golf in Saudi-Arabien, Kuwait, Irak und Iran. Südostasien ist ein Land zwischen Festland und Meer. Die Länder Indonesien, die Philippinen und Malaysia bestehen nur aus Inseln oder Halbinseln. Hier sind Schiff und Flugzeug die wichtigsten Verkehrsmittel. Das Hauptnahrungsmittel der süd- und ostasiatischen Bevölkerung ist der Reis. Auch Japan am östlichen Rand Asiens ist ein reiner Inselstaat. Eine wichtige Einnahmequelle Japans ist der Export, die Ausfuhr von Gütern in andere Länder. Im Ballungsraum Tokio und Yokohama leben mehr als 36 Millionen Menschen.

Australien, Neuseeland, Ozeanien (S. 94/95) Nach der Reihenfolge der Entdeckungen wurde Australien früher als der Fünfte Kontinent bezeichnet. Es ist ein Land der Gegensätze. Im Norden ist das Klima feuchtheiß und an den Küsten wachsen üppige Regenwälder. Im

Landesinneren ist es dagegen trocken und heiß. Dieses riesige Ödland nennen die Australier Outback, was so viel wie Hinterland heißt. An der West-, Süd- und Ost-küste ist das Klima milder. Hier liegen auch die großen Städte Australiens wie Perth, Melbourne und Sydney. Die meisten Einwohner Australiens stammen von engli-schen Einwanderern ab. Deshalb wird in Australien vor-wiegend Englisch gesprochen. Australien ist sehr dünn besiedelt, und die Entfernungen zwischen den Städten sind sehr groß. Besonders im Landesinneren gibt es nur wenige Straßen und kaum Eisenbahnen. Das wichtigs-te Fortbewegungsmittel ist deshalb das Flugzeug. Ob Postbote, Arzt oder Farmer: Alle sind darauf angewiesen. **Neuseeland** ist berühmt für seine Naturschönheiten. Auf der Nordinsel gibt es faszinierende Geysire, das sind heiße Springquellen. Die Südinsel hat eine zerklüftete Küste. Das Klima ist ähnlich wie in Mitteleuropa und die Vegetation besteht aus Wäldern und Wiesen. Wie auch in Australien stammen die meisten der heutigen Be-wohner Neuseelands von europäischen Einwanderern ab. **Ozeanien** ist ein Sammelbegriff für die Inselwelt des Pazifischen Ozeans. Die wichtigsten Inseln und Insel-gruppen sind die Fidschi-Inseln, Tahiti, die Tonga-Inseln, Samoa, Vanuatu, Kiribati, Palau, Tuvalu, die Cook-Inseln und die Salomoninseln. Die Inselbewohner lebten früher ausschließlich vom Fischfang und von wild wachsenden Früchten. Heute ist der Tourismus die wichtigste Ver-dienstquelle.

Auto (S. 62/63) siehe Kraftwagen

Babylonien (S. 122/123) siehe Hochkulturen

Ballon (S. 74/75) siehe Flugzeuge

Bäume (S. 158/159) haben Wurzeln, einen Stamm und Zweige. Sie tragen Blätter oder Nadeln. Der Stamm ist von einer Borke umgeben. Sägt man einen Stamm durch, sieht man die Jahresringe. Sie zeigen auf das Jahr genau an, wie alt ein Baum ist. Bäume wachsen nämlich am Stamm in die Breite und an den Ästen in die Höhe. Nach der Winterruhe entstehen aus Knospen neue Zwei-ge, Blüten und Blätter. Die Baumwurzeln ziehen Wasser und Nährstoffe aus dem Boden. Durch feine Röhren wer-den diese Nährstoffe dann bis zu den Blättern geleitet. Bäume sind die größten Lebewesen auf unserer Erde. Der Eukalyptusbaum in Australien und der amerikani-sche Mammutbaum können über 110 Meter hoch wer-den. Mammutbäume werden auch als lebende Fossilien

bezeichnet, denn es gab sie schon vor vielen Millionen Jahren. Sie werden schätzungsweise bis zu 3000 Jahre alt. Bäume sind nicht nur Lieferanten von Obst und Nüs-sen oder von Holz für den Haus- und Möbelbau. Sie bie-ten auch sehr vielen Tieren Schutz und Nahrung. Außer-dem filtern sie Staub aus unserer Luft und produzieren den für uns lebenswichtigen Sauerstoff. Daher bezeich-net man Wälder auch als „grüne Lungen".

Baustelle (S. 40/41) Wenn ein neues Haus, eine Straße, Brücke oder ein Tunnel gebaut wird, entsteht eine Bau-stelle. LKWs transportieren Baumaterial und Baumaschi-nen zur Baustelle. Bei großen Gebäuden wird zuerst mit Baggern Erde ausgehoben und von schweren Kippla-dern abtransportiert. Betonmischer bringen Flüssigbe-ton, der mit Stahlmatten zu einem Fundament gegossen wird. Schwertransporter liefern fertige Betonwände, die mit großen Kränen genau an die richtige Stelle gehoben werden. Hohe Gerüste sorgen dafür, dass Maurer auch in großer Höhe sicher arbeiten können. Am Bau eines Ge-bäudes sind viele Menschen beteiligt. Zum Beispiel Bau-schreiner, Dachdecker oder Baumaschinenführer. Sta-tiker berechnen, wie gebaut werden muss und welche Materialien verwendet werden müssen, damit Decken und Wände nicht einstürzen. Gebäude werden von Architekten geplant und während der gesamten Bau-phase beaufsichtigt. Ingenieure entwerfen Brücken, Ka-näle, Tunnel oder zum Beispiel Staudämme und Straßen.

Berufe (S. 36/37) Mit dem Beruf übt man eine Tätigkeit aus, für die man Geld erhält. Man arbeitet als Selbst-ständiger oder als Angestellter in einem Unternehmen. Ein Tischlermeister zum Beispiel kann als Selbstständi-ger einen eigenen Handwerksbetrieb führen oder als Angestellter für einen anderen Betrieb arbeiten. Vor-aussetzung für das Erlernen eines Berufes ist der Schul-abschluss. Im Mittelalter gab es zwar noch keine Schul-pflicht, Jungen gingen aber oft über mehrere Jahre bei einem Lehrmeister in die Lehre. Die Töchter lernten von der Mutter, wie man einen Haushalt führte und bei der Feldarbeit mithalf. Für Frauen gab es keine Möglichkeit, einen Beruf zu erlernen. Das ist heute anders. Männer und Frauen haben das gleiche Recht auf Ausbildung und dürfen ihren Beruf frei wählen. Wer einen Hand-werksberuf erlernen möchte, macht nach der Schule eine Lehre. Die Auszubildenden lernen den Beruf im Be-trieb und in der Berufsschule. Am Ende der Ausbildung steht die Gesellen- oder die Meisterprüfung. Für viele Berufe braucht man das Abitur und anschließend eine längere Ausbildung. Wer zum Beispiel Architekt, Wissen-schaftler, Anwalt oder Lehrer werden möchte, studiert an einer Universität oder Fachhochschule. Nach zwei bis vier Jahren legen die Studenten eine Prüfung ab und können sich dann auf eine Stelle bewerben.

Blumen (S. 142/143) sind Blütenpflanzen. Aber nicht jede Pflanze, die eine Blüte hat, ist auch eine Blume. Gräser, Sträucher und Obstbäume zum Beispiel haben Blüten, werden aber nicht zu den Blumen gerechnet. Blumen bestehen aus einem Stängel mit Blättern und mindestens einer Blüte. Mit der bunten Farbe oder dem Duft ihrer Blätter locken die Blumen Insekten an. Wenn eine Biene in den Blüten Nektar sammelt, berührt sie die Staubbeutel und die Pollen bleiben an ihren Beinen hängen. Pollen sind die männlichen Samen der Blumen. In der nächsten Blüte verliert die Biene die Pollen an der klebrigen Narbe, dem weiblichen Geschlechtsorgan der Blumen. Das nennen wir Bestäubung. Manche Blumen wie die Tulpe haben nur eine einzige Blüte, andere wie der Fingerhut haben einen Blütenstand mit vielen Blüten. Die größte Blüte mit einem Durchmesser von 1 Meter ist die Rafflesia. Sie wächst im tropischen Regenwald. Orchideen findet man dort ebenfalls. Mit 20 000 verschiedenen Arten bilden sie eine der größten Blumenfamilien. Während in unseren Breiten Insekten, Bienen, Fliegen und Schmetterlinge für die Bestäubung zuständig sind, übernehmen im Regenwald auch Vögel diese Aufgabe, nämlich die Kolibris.

Bronzezeit (S. 120/121) siehe Vorgeschichte

Burg (S. 130/131) siehe Mittelalter

China (S. 124/125) siehe Hochkulturen

Computer (S. 54/55) siehe Medien und Computer

Deutschland, Österreich, Schweiz (S. 84/85) In diesen drei Ländern sprechen die Bewohner die deutsche Sprache. In der Schweiz wird außerdem noch Französisch, Italienisch und Rätoromanisch gesprochen. Während Deutschland Zugang zum Meer hat, sind Österreich und die Schweiz reine Binnenländer. So nennt man Länder, die an keine Meeresküste angrenzen. Der Rhein ist der längste Fluss in Deutschland. Er entspringt in der Schweiz und fließt durch den Bodensee, an den sowohl Deutschland, Österreich und die Schweiz grenzen. Der längste Fluss Österreichs ist die Donau. Alle drei Länder sind Industrienationen. Das heißt, dass in Fabriken Autos, Maschinen, Medikamente, Nahrungsmittel, Getränke und viele weitere Dinge hergestellt werden, die wir zum täglichen Leben brauchen. Alle drei Länder verfügen über ein dichtes Straßennetz. Besonders die Autobahnen sind gut ausgebaut und verbinden uns mit allen Nachbarländern. Auch das Eisenbahnnetz ist sehr dicht und mit dem ICE (Intercity Express) kann man in 6 Stunden von München nach Hamburg fahren. Von den Flughäfen der großen Städte können Geschäftsreisende und Urlauber in alle Großstädte und Urlaubsorte der Welt starten. Auf den Flüssen Rhein, Donau, Elbe, Oder, Main und auf vielen Kanälen fahren Lastkähne und transportieren Güter und Waren nach West- und Osteuropa. Deutschland, Österreich und die Schweiz sind beliebte Urlaubsorte. Menschen aus aller Welt besuchen die schönen Städte, Landschaften und die Alpen.

Dinosaurier (S. 114/115) Der Name Dinosaurier kommt aus dem Griechischen und bedeutet auf Deutsch „schreckliche Echse". Aber viele Dinosaurier waren gar nicht so schrecklich, wenn man von ihrer teils enormen Größe absieht. Sehr viele Arten waren friedliche Pflanzenfresser. Unter den Dinosauriern gab es wahre Riesen. Der Brachiosaurus zum Beispiel zählt zu den größten Landtieren der Erdgeschichte. Bei einer Körperlänge von 25 m konnte er schätzungsweise bis zu 40 Tonnen wiegen. Im Vergleich zur Körpergröße war sein Kopf sehr klein. Er saß auf einem langen Hals, mit dem der Brachiosaurus bequem an hohe Äste mit saftigen Blättern gelangte. Gefährlicher als die Pflanzenfresser waren die fleischfressenden Raubsaurier. Viele hatten kräftige Kiefer mit zahlreichen dolchartigen Zähnen wie der Tyrannosaurus, der bekannteste Raubsaurier. Andere hatten muskulöse, flinke Hinterbeine, die bei manchen Arten sogar mit sichelartigen Klauen bewehrt waren, wie bei dem Deinonychus. Diese Klauen schlugen sie ihren Opfern vermutlich in die weiche Bauchseite und schlitzten sie auf. Ichthyosaurier waren dem Wasser angepasst und hatten Flossen. Flugsaurier hatten Hautflügel, mit denen sie über weite Strecken segeln konnten.

Dorf (S. 12/13) Zentrum eines Dorfes ist häufig ein Platz mit einer Kirche, kleinen Geschäften und Gasthöfen. In vielen Dörfern gibt es einen Kindergarten und eine Grundschule. Zur weiterführenden Schule müssen viele Kinder mit dem Schulbus in eine Nachbarstadt fahren. Die ersten Dörfer entstanden, als die Menschen sesshaft wurden. Wahrscheinlich waren es Pfahldörfer, am Meer, an einem See oder an einem Fluss gelegen. Bei uns sind die meisten Dörfer im Mittelalter entstanden. Die Dorfbewohner waren fast ausschließlich in der Landwirtschaft tätig. Es gab unterschiedliche Arten von Dörfern. Das Straßendorf entstand entlang einer Dorfstraße und konnte sehr lang sein. Bei einem Rundling wurden die Häuser sternförmig rund um die Kirche angelegt. Aus vielen Dörfern sind im Mittelalter Städte entstanden. Sie bekamen das sogenannte Stadtrecht und damit verbunden das Recht, Märkte abzuhalten. Im Mittelalter waren die Dörfer von den Grundherren, denen das Land gehörte, abhängig. Das konnte ein Graf oder Fürst sein oder ein Kloster. Sie entschieden über das, was im Dorf geschehen sollte. Heute wählen die Bewohner eines Dorfes einen Gemeinderat und den Bürgermeister.

Eisenbahn (S. 64–67) Schon im Mittelalter gab es Vorläufer der Eisenbahn. Wagen aus Holz wurden von Pferden auf Holzschienen durch Bergwerksstollen gezogen. Solche Pferdebahnen wurden zu Beginn des 19. Jahrhunderts auch in großen Städten eingerichtet. Statt der Schienen aus Holz verwendete man gusseiserne Schienen. Als die Dampfmaschine erfunden wurde, baute der Engländer George Stephenson eine der ersten dampfbetriebenen Lokomotiven. Seit dieser Zeit hat sich die Eisenbahn zu einem der wichtigsten Transportmittel entwickelt. Städte und Länder sind durch ein dichtes Schienennetz miteinander verbunden. Brücken und Tunnel überwinden Berge, Täler und Flüsse. Anstelle von Dampfloks werden fast nur noch Dieselloks oder mit Strom betriebene E-Loks eingesetzt. Die modernsten Züge erreichen über 300 km/h. In Deutschland ist das der ICE, in Frankreich der TGV. Noch schneller ist der Transrapid. Er wurde in Deutschland entwickelt, wird bislang aber nur in China eingesetzt. Der Transrapid fährt über eine Betonschiene auf einem Magnetfeld.

Eiszeit (S. 116/117) siehe Erdgeschichte

Energie (S. 42–45) Grundlage unserer Energieversorgung sind die Rohstoffe Kohle, Erdöl, Erdgas und Uran. Alle diese Stoffe sind im Gestein der Erde verborgen und müssen von Geologen durch Probebohrungen ausfindig gemacht werden. Kohle wird entweder oberirdisch mit riesigen Schaufelbaggern oder unterirdisch in Bergwerken abgebaut. Erdöl und Erdgas werden mithilfe von Bohrungen aus großen Tiefen hochgepumpt. Uran ist ein Erz, das oberirdisch abgebaut wird. Die Mehrzahl aller Kraftwerke erzeugt elektrischen Strom. Das ist die Energie, die sich am leichtesten transportieren und für Geräte verwenden lässt. Mancherorts gibt es auch sogenannte Heizkraftwerke, die heißes Wasser erzeugen, das unterirdisch durch Röhren in die Häuser fließt und dort die Heizkörper erwärmt. Man nennt dieses System Fernwärme. Kraftwerke sind Energieumwandler. Durch die Verbrennung von Rohstoffen entsteht Energie, die in Strom oder Wärme umgewandelt wird. Bei der Verbrennung werden allerdings Abgase freigesetzt, die der Umwelt schaden. In Atomkraftwerken verwendet man Uran, das bei Bestrahlung zerfällt und große Energiemengen abgibt. Die Reststoffe sind sehr gefährlich und müssen als Atommüll unterirdisch lange gelagert werden. In Wasser-, Wind- und Solarkraftwerken werden keine Stoffe verbrannt. Diese Kraftwerke wandeln die Bewegungsenergie von Wasser und Wind und die Strahlungsenergie der Sonne direkt in Strom um. Sie arbeiten deshalb sehr umweltfreundlich.

Erdbeben und Vulkane (S. 100/101) Erdbeben und Vulkanausbrüche zählen zu den schlimmsten Naturkatastrophen. Deshalb haben sich Erdbeben- und Vulkanforscher zur Aufgabe gemacht, Ursache und Wirkung dieser oft verheerenden Naturkatastrophen genau zu studieren. Es gibt heute Messgeräte, die es erlauben, kaum wahrnehmbare Vorzeichen eines Bebens oder Vulkanausbruchs zu erfassen. Erdbeben treten vor allem in Amerika und Asien auf. Aber auch in Europa gibt es Erdbeben wie zum Beispiel in Italien. In Deutschland ereignen sich entlang des Rheins, in der Schwäbischen Alb oder in der Eifel immer wieder leichte Beben, die aber nicht gefährlich sind. Vulkane sind Stellen an der Erdoberfläche, an denen heißes, flüssiges Gestein (Magma) und Gas aus dem Erdinneren austritt. Sie können sowohl an Land wie auch unter Wasser entstehen. Es sind rund 600 aktive **Vulkane** an Land bekannt, unter der Meeresoberfläche müssen es noch weit mehr sein. Bei einem Vulkanausbruch wird das flüssige Gestein in Form von Lava entweder explosionsartig herausgeschleudert oder es fließt langsam aus dem Krater heraus. Weltweit kommt es immer wieder zu Katastrophen. Vulkane bringen aber nicht nur Schlechtes für die Menschen. Lava, die sich rings um den Krater ablagert, verwittert zu sehr fruchtbarer Erde, in der die Pflanzen besonders gut wachsen. Deshalb ist die Umgebung von Vulkanen oft sehr dicht besiedelt.

Erde (S. 110/111) siehe Erdgeschichte

Erdgeschichte (S. 110–117) Als die Erde vor etwa 4 Milliarden Jahren allmählich abkühlte, sammelte sich in den großen Vertiefungen der Erdoberfläche Wasser und bildete die ersten Meere. Sie waren noch ohne Leben. Die ersten Lebensspuren stammen von Bakterien und sind etwa 3,5 Milliarden Jahre alt. Vor etwa 530 Millionen Jahren kam es zu einer raschen Entwicklung vieler Meerestiere. Die ersten Tiere mit einer Wirbelsäule, es waren Panzerfische, entwickelten sich vor etwa 500 Millionen Jahren. Zu dieser Zeit begannen auch die ersten Landpflanzen auf den Kontinenten zu wachsen. In der Steinkohlenzeit (vor 320 Millionen Jahren) entwickelten sich die Insekten. Bald danach, im Zeitalter von Trias und Jura (vor 250 bis 142 Millionen Jahren), übernahmen die Saurier die Herrschaft über das Tierreich, bis sie am Ende der Kreidezeit (vor 65 Millionen Jahren) ausstarben. Dieses Ereignis war der Beginn der Entwicklung der Säugetiere. In Deutschland herrschte damals ein tropisches Klima und es gab Nilpferde, Krokodile und Elefanten.

In Afrika entwickelten sich die ersten menschenartigen Wesen, die Hominiden, aus denen vor 5 bis 6 Millionen Jahren der Mensch hervorging. Damals ging eine lange Zeit warmen Klimas auf der Erde zu Ende. Es wurde kühler, bis sich vor ungefähr 2 Millionen Jahren die ersten Gletscher bildeten. Die Eiszeit hatte begonnen. Die Polargebiete und die Hochgebirge vereisten, bis die Eismassen so dick wurden, dass sie sich bis weit nach Mitteleuropa ausbreiteten und halb Deutschland unter einer geschlossenen Eisdecke begruben. Während der folgenden 2 Millionen Jahre wechselten sich auf der Erde besonders kalte mit wärmeren Perioden ab. Die letzte Kaltzeit endete vor 10 000 Jahren.

Erfindungen (S. 52/53) Es gibt Erfindungen, die viel älter sind, als wir glauben. James Watt zum Beispiel gelang 1765 mit seiner Dampfmaschine eine der bedeutendsten Erfindungen der Neuzeit. Damals wusste niemand mehr, dass es die Dampfmaschine schon viel früher gegeben hatte. Im 1. Jahrhundert nach Christus hatte der Erfinder Heron von Alexandria bereits eine ganz einfache Dampfmaschine konstruiert. Die Geschichte der Erfindungen beginnt in der Steinzeit, als die Menschen erste Werkzeuge herstellten. In einer der ersten Hochkulturen erfanden die Sumerer das Rad und die Schrift. Die Chinesen konnten schon vor 1000 Jahren mit aus Ton gebrannten Schriftzeichen drucken. Sie erfanden auch das Schießpulver und den Kompass. Um das Jahr 1300 gab es im mittelalterlichen Europa die ersten Lesebrillen. Für eine wahre Flut von Erfindungen sorgte die industrielle Revolution: Lokomotive und Kamera, Fahrrad und Automobil, Elektromotoren, die Glühbirne, Dreschmaschinen und das Radio. Auch im letzten Jahrhundert gab es eine große Zahl von Erfindungen. Alltägliche Dinge wie Telefon, Waschmaschine, Spülmaschine und Funkwecker wurden erfunden. Raketen, Flugzeuge, Computertechnik, das Internet, aber auch Erfindungen in der Medizin und Gentechnik haben unser Leben in großem Maße verändert.

Ernährung (S. 16/17) ist die Aufnahme der Nahrungsstoffe für das Wachstum und die Erhaltung des Lebens. Am Beginn des Ernährungskreislaufes stehen die grünen Pflanzen. Sie nehmen keine Nahrung in Form von anderen Lebewesen auf, sondern brauchen für ihr Wachstum nur Kohlendioxid, Wasser, Mineralsalze und Sonnenlicht. Tiere dagegen ernähren sich von Pflanzen oder von anderen Tieren, die sich wiederum von Pflanzen ernähren. Der Mensch kann ebenso pflanzliche Nahrung wie auch Fleisch zu sich nehmen. Die Pflanzen stellen also die Lebensgrundlage für alle anderen Lebewesen dar. Aus der Nahrung erhalten wir die Bausteine für unseren Körper sowie Energie für unsere Muskelbewegungen und für die Körperwärme. Die Stoffe, die wir mit der Nahrung zu uns nehmen, werden bei der Verdauung im Magen und Darm zerlegt und in eine lösliche Form gebracht. Das Blut transportiert die Stoffe anschließend in jede einzelne Zelle unseres Körpers. Die wichtigsten Nährstoffe sind Eiweiß, Kohlenhydrate und Fett. Außerdem gehören Spurenelemente, Ballaststoffe, Mineralsalze, Vitamine und ausreichend Wasser zu einer gesunden Ernährung.

Erziehung (S. 22/23) Jedes Kind wird mit einem großen Schatz an Fähigkeiten und Begabungen geboren. Erziehung bedeutet, diese kostbaren Gaben zu fördern und Wissen zu vermitteln. Zur Erziehung gehört aber nicht nur das Lernen für den späteren Beruf. Es gehört auch dazu, sich selbst und andere kennen und beurteilen zu lernen. An der Erziehung sind in der Regel die Eltern, der Kindergarten, die Schule und möglicherweise Kirchen, Vereine oder Jugendorganisationen beteiligt. Die Eltern eröffnen den Kindern die Welt. Bei ihnen lernen sie greifen, krabbeln, stehen, laufen und sprechen. Sie lernen Grenzen kennen und sie erfahren, was für ein Zusammenleben mit anderen wichtig ist und was sie dürfen und was sie nicht dürfen. Die Eltern gehen mit ihnen zum Arzt, zum Einkaufen und auf den Spielplatz. Kindertagesstätten und Kindergärten unterstützen die Eltern. Hier können Kinder lernen, mit anderen Kindern zu spielen, sich zu streiten und wieder zu vertragen. Die Erzieherinnen und Erzieher vermitteln ihnen auch erstes Wissen. In der Schule haben Kinder die Chance, sich Allgemeinbildung anzueignen und sich auf die Berufsausbildung vorzubereiten. Jedes Kind hat ein Anrecht auf Bildung. Das sagt die UNO, die Organisation der Vereinten Nationen. Trotzdem gibt es rund 60 Millionen Kinder auf der Welt, die keine Chance haben, jemals rechnen und schreiben zu lernen, weil sie arbeiten müssen, um für sich und ihre Familien den Lebensunterhalt zu verdienen.

Europa (S. 86/87) ist ein Kontinent der Vielfalt. Ganz im Norden ist es sehr kalt. Die Natur ist intakt und in den großen Nadelwäldern leben Bären und Wölfe. Das Land ist sehr dünn besiedelt. In Mitteleuropa ist das Klima gemäßigt mit wenig Schnee im Winter und warmen Sommern. Europa ist geprägt durch dichte Besiedlung, durch Landwirtschaft und Industrie. Alle Teile Mitteleuropas sind mit einem dichten Straßen- und Eisenbahnnetz überzogen. In Südeuropa wird das Klima durch das Mittelmeer geprägt. Hier ist es im Sommer sehr heiß. Die Mittelmeerländer sind deshalb beliebte Urlaubsziele. Weil Europa ein Kontinent mit vielen verschiedenen Staaten, Völkern, Sprachen und Religionen ist, war in der

Vergangenheit das Zusammenleben nicht immer leicht. Bis in unsere Zeit gab es in Europa häufig Auseinandersetzungen und Kriege zwischen den einzelnen Staaten. Der Zweite Weltkrieg, der 1945 zu Ende ging, kostete über 50 Millionen Menschen das Leben. Durch die Gründung der Europäischen Union im Jahre 1993 versucht man seither, die vielfältigen Interessen der einzelnen Staaten besser zu vereinen und ein gutes, nachbarschaftliches Zusammenleben zu erreichen. Ziel ist, ein vereintes Europa zu schaffen, ähnlich wie die Vereinigten Staaten von Amerika.

Fabrik (S. 48/49) Das Wort Fabrik kommt aus dem Lateinischen. Es bedeutet Werkstätte. Schuhe oder Kleider, Autos und Fahrräder, Töpfe oder Pfannen können als Massenware in Fabriken viel billiger produziert werden, als wenn man sie einzeln in Handarbeit anfertigen würde. Im 17. und 18. Jahrhundert gab es bereits große Betriebe mit vielen hundert Arbeitern. Man nannte diese Betriebe Manufakturen. Es gab noch keine Maschinen und die alten Handwerkstechniken wurden beibehalten, aber es fand schon eine Art von Arbeitsteilung statt. So stellten einige Arbeiter die Grundformen von Porzellanvasen her, andere waren für die Bemalung zuständig und eine dritte Gruppe für das Brennen. Mit der industriellen Revolution zogen Maschinen in die Manufakturen ein. Sie wurden zu Fabriken. Immer bessere Maschinen konnten die Waren immer schneller herstellen. Die Arbeiter hatten immer die gleichen Tätigkeiten auszuführen. Fließbänder brachten ihnen die Werkstücke, die sie zu bearbeiten hatten. Heute werden viele Dinge bereits von computergesteuerten Maschinen vollautomatisch hergestellt. Manche Fabriken kommen fast ohne Arbeiter aus. Die Roboter haben sie ersetzt.

Feuerwehr und Polizei (S. 38/39) Die Feuerwehr kommt, wenn es brennt. Sobald die Feuerwehrleitstelle von einem Brand erfährt, schlägt sie Alarm. In Rekordtempo eilen die Feuerwehrleute zu ihren Löschfahrzeugen. Sie tragen Schutzanzüge, die nicht brennbar sind. Feuerwehrautos sind rot und gut zu erkennen. Mit Blaulicht und Martinshorn fahren sie zum Einsatzort. Der Einsatzleiter gibt die Anweisungen. Brennt ein Wohnhaus, werden zuerst die Bewohner in Sicherheit gebracht. Dann versuchen die Feuerwehrleute zu verhindern, dass das Feuer auf Nachbarhäuser übergreift. Mit Wasser und Schaum löschen sie den Brand. Die Feuerwehr kommt auch bei Unfällen und Naturkatastrophen zum Einsatz. Die meisten Städte haben eine Berufsfeuerwehr, während es in Dörfern oft eine Freiwillige Feuerwehr gibt. Die Feuerwehr arbeitet eng mit der **Polizei** zusammen. Polizisten regeln den Verkehr und müssen bei einem Unfall feststellen, wer der Schuldige ist. Sie

sichern die Unfallstelle ab, damit nicht noch mehr passiert. In Deutschland gibt es die Schutzpolizei und die Kriminalpolizei. Schutzpolizisten erkennt man an der Uniform. Die Kriminalbeamten sind in Zivil gekleidet. Sie klären Verbrechen auf. Manchmal brauchen sie Hilfe, wie zum Beispiel bei einem Überfall mit Geiselnahme. Dann rufen sie das SEK, das Spezialeinsatzkommando. Die Polizisten in diesem Kommando sind speziell für gefährliche Einsätze ausgebildet.

Film (S. 32/33) siehe Theater und Film

Flugzeuge (S. 74–77) Der Traum vom Fliegen ist wahrscheinlich so alt wie die Menschheit. In der griechischen Sagengestalt des Ikarus findet der Flug mit Vogelfedern ein tragisches Ende. Seine mit Wachs zusammengehaltenen Flügel schmelzen in der Sonne und Ikarus stürzt ins Meer. Der italienische Künstler Leonardo da Vinci beschäftigte sich schon vor 500 Jahren wissenschaftlich mit dem Fliegen. Er zeichnete Flugapparate, die damals aber noch nicht gebaut werden konnten. Erst 1783 erhoben sich die Brüder Montgolfier zum ersten Mal mit einem Ballon in die Luft. 1903 bauten die Brüder Wright das erste Flugzeug der Welt. Es wurde von einem Motor angetrieben und löste eine rasante Entwicklung im Flugzeugbau aus. Die Flugzeuge wurden größer und schneller und bekamen immer bessere Propeller und dann Düsentriebwerke. Ein modernes Flugzeug besteht aus einem Rumpf mit dem Cockpit für Piloten, den Sitzen für die Passagiere oder Platz für Nutzlasten. Die Flügel zu beiden Seiten bilden das Tragwerk und tragen die Propeller oder Düsentriebwerke. Das Fahrwerk unter dem Rumpf kann bei großen Maschinen während des Fluges eingeklappt werden. Heute ist das Fliegen für uns eine Selbstverständlichkeit. Große Flughäfen in allen Teilen der Welt verbinden die Städte miteinander.

Flüsse und Meere (S. 98/99) Flüsse haben seit jeher eine besondere Bedeutung für die Menschen. Schon in der Frühzeit lebten die Menschen bevorzugt in der Nähe von Flüssen, da sie dort frisches Wasser hatten. Heute nutzt man die Flüsse vorwiegend als Wasserstraßen. Viele Millionen Tonnen Güter werden auf Schiffen transportiert. Lange Zeit leiteten Städte und Fabriken ihre Abwässer einfach in die Flüsse, was zur Folge hatte, dass die Wasserqualität immer schlechter wurde und die Fische verschwanden. Mit modernen Kläranlagen, in denen die Schadstoffe des Abwassers herausgefiltert werden können, besserte sich der Zustand der Flüsse zunehmend, und heute gibt es im Rhein oder in der Elbe wieder einst verschwundene Fischarten. Die **Meere** bedecken fast Dreiviertel der Erdoberfläche mit ihrem Wasser. Es gibt drei große Ozeane, den Pazifischen, den Atlantischen und den Indischen Ozean. Der Meeresboden der Ozeane ist nicht einfach flach. Unter dem Wasser verbergen sich die längsten Gebirgsketten der Welt. Der Mittelatlantische Rücken beispielsweise durchzieht den gesamten Atlantik von Nord nach Süd auf einer Länge von über 20 000 Kilometern. Das Wasser in den Ozeanen steht nicht still. Gewaltige, langsam fließende Meeresströmungen sorgen für Temperaturausgleich und für Durchmischung der Wassermassen. Der bekannteste Meeresstrom ist der Golfstrom, der aus den warmen Meeren der Karibik kommt und in Nordeuropa und Großbritannien für ein ganzjährig mildes Klima sorgt.

Forscher (S. 136/137) sind Menschen, die sich mit wissenschaftlichen Erkenntnissen beschäftigen. Sie wollen Zusammenhänge verstehen und neue Dinge entdecken. Ein Forscher ist zum Beispiel der Biologe, der in den tropischen Regenwäldern nach bisher unbekannten Tier- und Pflanzenarten sucht. Oder ein Archäologe, der aus den Ruinen vergangener Kulturen Schlüsse auf das Leben der damaligen Zeit zieht. Auch Mediziner und Chemiker, die neue Medikamente entwickeln, gehören zu den Forschern. Ein berühmter Forscher war der deutsche Archäologe Heinrich Schliemann, der 1871 in der heutigen Türkei die Ruinen der alten Stadt Troja fand. Auch die französische Chemikerin und Physikerin Marie Curie wurde als Forscherin sehr bekannt. Sie entdeckte gemeinsam mit ihrem Mann die radioaktiven Elemente Polonium und Radium. Damit schuf sie die Grundlagen für die moderne Atomphysik. 1928 entdeckte der englische Bakteriologe Alexander Fleming das Penicillin. Mit diesem Medikament konnten zum ersten Mal gefährliche Infektionen wirksam bekämpft werden.

Fossilien (S. 112/113) nennt man die Überreste und Abdrücke von Pflanzen und Tieren, die vor sehr langer Zeit gelebt haben. Die meisten Fossilien sind Versteinerungen. Die Lebewesen wurden von Sand oder Schlamm luftdicht eingeschlossen, bevor sie verwesten. Meistens versteinerten nur die harten Teile: Knochen, Schalen oder Zähne. Das älteste Fossil ist ein Bakterium. Es wurde in Australien gefunden und ist 3,5 Milliarden Jahre alt. Die meisten Versteinerungen bildeten sich am Boden des Meeres. Tote Tiere sanken herab und wurden von Schlamm bedeckt. Während weiche Teile wie Innereien, Sehnen und Muskeln verwesten, wurden die Knochen oder Schalen zusammen mit dem Schlamm im Laufe von Jahrmillionen langsam zu Stein. Fossilien von Pflanzen und Landtieren sind sehr viel seltener als die von Meeresbewohnern. Unter ihnen findet man aber die größten erhaltenen Fossilien. In Chemnitz fand man beispielsweise einen 290 Millionen Jahre alten versteinerten Wald und im Berliner Museum für Naturkunde ist ein vollständiges 13 Meter hohes Skelett eines Dinosauriers (Brachiosaurus) ausgestellt. Fossilien findet man nicht

nur im Gestein. In Sibirien gibt es Böden, die ständig gefroren sind. Hier wurden vollständig erhaltene, durch das Eis mumifizierte Mammuts entdeckt. Die letzten Mammuts starben vor etwa 6000 Jahren aus.

Garten (S. 140/141) In einem Garten wachsen und gedeihen viele Pflanzen: essbares Gemüse und Obst, aber auch Blumen und Ziersträucher. Schon vor mehr als 4000 Jahren haben Menschen im alten Ägypten Gärten angelegt. Dort wuchsen Datteln, Feigen, Granatäpfel und Wein. Gärten gab es auch bei den Römern. Reiche Römer ließen rund um ihre Villen Blumengärten anlegen. Mit dem Untergang des Römischen Reiches endete zunächst die Tradition der Ziergärten. Im Mittelalter gab es fast ausschließlich Nutzgärten. Die Mönche in den Klöstern versorgten sich mit Gemüse und Heilpflanzen aus den Klostergärten. Beliebt wurden große Gartenanlagen erst wieder nach dem Ende des Mittelalters. Heute unterscheiden wir zwischen Nutzgärten, Ziergärten und botanischen Gärten. Im Nutzgarten werden Obst und Gemüse angebaut, im Ziergarten vor allem Blumen. Der botanische Garten ist eine Art Zoo für Pflanzen und bietet Wissenschaftlern gute Bedingungen für ihre Forschungen. Da viele exotische Pflanzen bei uns nicht gedeihen können, werden für sie große Gewächshäuser gebaut. Hier wird das heimische Klima der Pflanzen künstlich erzeugt. Auch in Gärtnereien gibt es Gewächshäuser, sogenannte Treibhäuser. Man kann in ihnen das ganze Jahr über Pflanzen züchten.

Geld (S. 50/51) spielt eine wichtige Rolle in unserem Leben. Wir müssen es verdienen, nehmen es jeden Tag in die Hand, geben es aus, bringen es zur Bank oder lesen es in Zahlen auf einem Kontoauszug. Bevor es Geld gab, tauschten die Menschen Waren gegen Waren, zum Beispiel ein Schwein gegen zehn Enten. Solche Tauschgeschäfte waren umständlich, denn es gab keine einheitliche Währung, die den Wert einer Sache festlegte. Deshalb erfanden die Menschen das Geld. Alle frühen Zahlungsmittel waren aus einem Material, das besonders wertvoll oder sehr selten war. Man verwendete Metalle wie Gold und Silber, aber auch Muscheln, Federn, Perlen, Salz oder riesige Steinscheiben. Die ersten Münzen wurden vor 2700 Jahren in Lydien (an der heutigen Westküste der Türkei) aus einer Mischung von Gold und Silber hergestellt. Ihr Wert entsprach dem Wert ihres Materials. Aber bald erkannte man, dass man auch Münzen mit einem geringen Materialwert verwenden konnte. In China, Griechenland und Rom wurden Münzen mit einer Schrift oder einem Bild des jeweiligen Herrschers geprägt. Der Herrscher garantierte den Wert der Münze. Später stellte man fest, dass man für eine solche Garantie nicht einmal Münzen brauchte und führte Papiergeld ein. Münzen und Papiergeld nennen wir Bargeld. Heute wird oft mit sogenanntem Buchgeld bezahlt: mit Giro- und Kreditkarten. Überweisungen und andere Geldgeschäfte werden immer häufiger vom Computer aus getätigt. Man nennt das Online-Banking.

Gemüse (S. 152–155) wächst auf Feldern, im Garten oder im Treibhaus und spielt für unsere Ernährung eine sehr wichtige Rolle. Schon in vorgeschichtlicher Zeit haben die Menschen Erbsen, Linsen und Bohnen gegessen. Griechen und Römer bauten bereits im Altertum Spargel an. Als Gemüse essen wir immer nur bestimmte Teile einer Pflanze. Beim Spinat und Salat sind es die Blätter, bei Rettich, Kohlrabi, Kartoffeln und Möhren die Wurzeln oder Knollen. Als Fruchtgemüse bezeichnen wir Tomaten, Zucchini und Gurken. Bei Erbsen, Linsen und Bohnen essen wir die Samen. Wir bezeichnen sie auch als Hülsenfrüchte. Zum Kohlgemüse gehören Rot-, Weiß- und Blumenkohl, Kohlrabi und Rosenkohl. Beim Blumenkohl verwenden wir die Blüte, beim Rosenkohl die Blütenknospe. Gemüse enthält viele Vitamine und Mineralstoffe, die wir dringend benötigen. Man kann es roh essen oder kochen. Da beim Kochen wichtige Bestandteile verloren gehen können, sollte man Gemüse am besten nur kurz dünsten. Manche Menschen essen nur pflanzliche Kost wie Gemüse, Getreide und Obst. Man sagt, sie ernähren sich vegetarisch.

Geschäfte (S. 14/15) macht, wer Waren zu einem bestimmten Preis einkauft oder herstellt und diese mit Gewinn wieder verkauft. Geschäfte nennen wir aber auch die Läden des Einzelhandels, das Lebensmittelgeschäft zum Beispiel oder das Schreibwarengeschäft. Zu den Geschäftsleuten zählen die Börsenmakler und Bankiers, aber auch die Handwerker und alle, die eine Dienstleistung anbieten. Jeder von uns ist an Geschäften beteiligt. Wer ein Brötchen einkauft, ist Geschäftspartner des Bäckers, der das Brötchen verkauft. Unser ganzes Leben hängt von Geschäften ab. Wir kaufen jeden Tag etwas zu essen, brauchen Kleidung oder eine Busfahrkarte. Gute Geschäfte sind Geschäfte, bei denen beide Geschäftspartner einen Vorteil haben. Der Bäcker, der ein Brötchen verkauft, erhält dafür ein paar Cent mehr, als er selbst in die Herstellung des Brötchens investieren muss. Das ist sein Verdienst. Der Käufer profitiert von dem Kauf, weil er das Brötchen nicht selbst herstellen muss. Die Preise für Waren und Dienstleistungen werden vom Angebot und der Nachfrage bestimmt. Gibt es zum Beispiel viele Brötchen auf dem Markt und nur wenige Menschen wollen Brötchen kaufen, muss der Bäcker mit dem Preis heruntergehen. Viele kleine Einzelhandelsgeschäfte mussten in den letzten Jahrzehnten schließen, weil große Supermarktketten die Waren bei den Herstellern billiger einkaufen und deshalb billiger anbieten können.

Gesundheit (S. 20/21) ist das Gegenteil von Krankheit. Gesundheit bedeutet aber auch, sich körperlich und seelisch wohlzufühlen. Weil die Gesundheit ein hohes Gut ist, gibt es ein staatliches Gesundheitswesen. Es sorgt dafür, dass jeder, der krank wird, einen Arzt aufsuchen oder sich in einem Krankenhaus behandeln lassen kann. Die Gesundheitsämter kontrollieren die Restaurants und Geschäfte, damit durch verdorbene Lebensmittel keine Krankheiten auftreten. Sie greifen ein, wenn jemand nach einem Auslandsaufenthalt einen Krankheitserreger einschleppt. Und sie kümmern sich um die gesundheitliche Aufklärung und die Gesundheitsvorsorge. Sie schicken deshalb zum Beispiel Zahnärzte in Kindergärten und Schulen, um den Kindern zu zeigen, wie man sich vor Karies schützt. Gesundheitsvorsorge betreibt, wer sich gesund ernährt und Sport treibt. Zur Gesundheitsvorsorge gehören auch Impfungen gegen ansteckende Krankheiten wie Masern, Grippe, Tuberkulose, Kinderlähmung oder Wundstarrkrampf. Impfungen werden immer in ein Impfbuch eingetragen.

Gewürze (S. 148/149) siehe Heilpflanzen, Kräuter und Gewürze

Griechen und Römer (S. 126/127) spielten in der europäischen Geschichte eine bedeutende Rolle. Vor mehr als 3000 Jahren siedelten sich Völker aus dem Norden in Griechenland an. Sie gründeten Stadtstaaten und trieben im ganzen Mittelmeerraum bis ins Schwarze Meer hinein Handel. Athen wurde zur bedeutendsten Stadt Griechenlands und zu einem Zentrum für Architekten, Bildhauer, Philosophen und Schriftsteller. Von Griechenland aus eroberte Alexander der Große vor 2300 Jahren das erste Weltreich der Geschichte. Es reichte von Ägypten bis nach Indien. Als Alexander starb, brach das Reich zusammen. In der Zwischenzeit stiegen die Römer zur bedeutendsten Macht im Mittelmeerraum auf. Sie eroberten Griechenland und nutzten das Wissen der Griechen in allen Bereichen der Naturwissenschaften und Baukunst. Auf dem Höhepunkt ihrer Macht etwa 250 n. Chr. hatten die Römer den gesamten Mittelmeerraum erobert und große Teile des heutigen Deutschlands sowie Großbritannien besetzt. Sie legten befestigte Straßen an und bauten gewaltige Brücken für Wege und Wasserleitungen. Im Jahre 395 wurde das Reich geteilt. Der westliche Teil wurde von Rom aus regiert, der östliche von Konstantinopel, das spätere Byzanz und heutige Istanbul. Das oströmische Reich hielt sich noch 1000 Jahre, bis es von den Osmanen erobert wurde. Das weströmische Reich endete um das Jahr 476. Zu dieser Zeit gab es größere Völkerwanderungen. Unter anderem besiedelten die Goten das ehemalige weströmische Reichsgebiet. Damit ging die Antike zu Ende und in Europa begann das Mittelalter.

Haus (S. 10/11) Das Haus ist ein von Menschen errichtetes Gebäude. Im Haus wohnt oder arbeitet man. Die ersten Menschen waren Jäger und Sammler. Sie waren nicht sesshaft. Wenn sie an einem Ort nicht mehr genug Nahrung fanden, zogen sie weiter. Später bauten sich die Menschen zum Schutz gegen Regen und Kälte einfache Unterstände. Sie nahmen das Material, das sie vorfanden: Äste und Zweige, Steine und Lehm. Vor vielen Tausend Jahren errichteten die Menschen im Land zwischen Euphrat und Tigris, dem heutigen Irak, die ersten Häuser aus Lehmziegeln. Es waren einfache viereckige Bauten mit Flachdächern. In anderen Regionen der Welt nutzten die Menschen zum Bau der ersten Häuser andere Baumaterialien wie Stroh und Torf, Riedgras und Holz. Bei der Auswahl des Materials kam es immer darauf an, die Bewohner vor Hitze oder Kälte, Regen oder Schnee und Stürmen zu schützen. Die Technik des Hausbaus wurde ständig weiterentwickelt. Heute werden Häuser mit modernsten Materialien und Techniken gebaut. Dabei spielt die Einsparung von Energie eine große Rolle. Wände und Dach werden mit Isoliermaterialien zur Wärmedämmung ausgestattet und Fenster haben eine doppelte Verglasung. Mit umweltfreundlichen Mitteln wie Sonnenkollektoren wird Energie gewonnen.

Haustiere (S. 164/165) Das erste Haustier war der vom Wolf abstammende Hund. Er wurde schon vor mehr als 15 000 Jahren von Menschen gehalten. Schon bald folgten Ziegen und Schafe, Schweine, Rinder und Pferde. Diese Tiere waren für den Menschen nützlich und konnten einfach gehalten werden. Diese Haus- beziehungsweise Nutztiere lieferten Milch, Fleisch und Leder. Man konnte sie auch als Last-, Arbeits- und als Reittiere einsetzen. Später machten die Menschen auch einige Vogelarten zu Haustieren. Hühner leben seit 8000 Jahren bei den Menschen, Gans und Taube seit 5000 Jahren und Enten seit 3000 Jahren. Im Laufe der Zeit lernten die Menschen, dass man Tiere nach bestimmten Merkmalen gezielt züchten kann. Manche Rassen von Schafen zum Beispiel entwickeln heute besonders viel Fleisch, andere tragen ein dichtes Wollfell. Auch Insekten werden als sogenannte Haustiere gehalten, so zum Beispiel die Honigbiene und die Seidenraupe. Doch Menschen dürfen aus Haustieren nicht nur Nutzen ziehen, sie tragen auch Verantwortung für die Tiere. Deshalb sorgt das Tierschutzgesetz dafür, dass jedes Tier artgerecht gehalten wird. Das gilt auch für Tiere, die im Haus wohnen und nicht als Nutztiere gehalten werden wie Hamster, Wellensittiche oder die Goldfische im Aquarium.

Heilpflanzen, Kräuter und Gewürze (S. 148/149) Heilpflanzen helfen uns, gesund zu werden. Schon vor 3500 Jahren kannten die Ägypter die heilende Wirkung von Enzian und Thymian. Bis vor hundert Jahren waren Heilpflanzen die wichtigsten Arzneimittel. Verantwortlich für die heilende Wirkung sind bestimmte Stoffe, die in den Pflanzen enthalten sind. Sie kommen oft nur in Teilen der Pflanze vor, zum Beispiel in den Wurzeln oder Wurzelstöcken, in den Blättern, Blüten, Rinden oder Früchten. Die Menge, die man einnehmen soll, hängt von der Krankheit ab. Das nennt man Dosierung. Zu Beginn des letzten Jahrhunderts haben Arzneimittelforscher die Inhaltsstoffe der Pflanzen untersucht. Seitdem werden diese Stoffe auch künstlich hergestellt und können genauer dosiert werden. Zu den Heilpflanzen zählen auch viele **Kräuter.** Kräuter spielen aber vor allem in der Küche eine bedeutende Rolle. Sie regen nicht nur den Appetit an, sondern verfeinern als **Gewürze** auch Speisen und geben mehr Geschmack. Viele Gewürzkräuter wie Basilikum und Rosmarin stammen ursprünglich aus den Ländern rund ums Mittelmeer. Andere Gewürze haben ihre Heimat in weiter südlicheren, entfernteren Ländern. Noch vor 400 Jahren waren in Europa Pfeffer, Muskat und Safran so wertvoll wie Gold. Der Handel mit Gewürzen brachte riesige Gewinne.

Hochkulturen (S. 122–126) sind Völker mit einer hoch entwickelten Kultur. Die wahrscheinlich erste Hochkultur der Menschheit entstand vor etwa 5500 Jahren in dem Gebiet zwischen den beiden Flüssen Euphrat und Tigris. Heute heißt dieses Land Irak. Hier erfanden die Sumerer das Rad. Sie besaßen auch erste Pflüge. Mit dem Pflug konnten die Bauern ihre Äcker schneller und besser bearbeiten. Zur Bewässerung ihrer Felder bauten sie Kanäle und leiteten das Flusswasser um. In den Städten der Sumerer lebten bis zu 50 000 Menschen. Um die Verwaltung zu erleichtern und zur besseren Verständigung untereinander entwickelten die Sumerer die Keilschrift. Etwa 300 Jahre später entstand eine weitere Hochkultur, das alte Ägypten. Die meisten Ägypter waren Bauern. Das Land gehörte den mächtigen Pharaonen. Mithilfe der Priester und Schreiber regierten sie das Land. Alles Wichtige wurde in einer Bilderschrift, den Hieroglyphen, aufgeschrieben. Während die Sumerer für ihre Schriften Tontafeln verwendeten, erfanden die Ägypter leichtere Schriftrollen aus Pflanzenfasern, den Papyrus. Die größten Zeugnisse der ägyptischen Hochkultur können wir noch heute bewundern: die Pyramiden. In China gab es unter den Königen der Shang-Dynastie schon vor 3700 Jahren eine Hochkultur. Damals handelten die Chinesen mit Jadeschmuck und verwendeten Kaurimuscheln als Geld. Ausdruck dieser Hochkultur ist auch das größte Bauwerk der Welt: die Chinesische Mauer. Mit ihrem Bau wurde vor über 2700 Jahren begonnen.

Indianer (S. 128/129) Vor ungefähr 20 000 Jahren besiedelten erstmals Menschen den amerikanischen Doppelkontinent. Sie kamen über Landbrücken aus Asien. Forscher vermuten, dass es weitere Besiedelungswellen auf dem Seeweg gab. Die später als Indianer oder Indios bezeichneten Menschen besiedelten ganz Amerika von Alaska und Kanada im hohen Norden bis Feuerland im Süden. Die Indianer in den Wäldern Kanadas bewohnten Langhäuser aus Holz. Die Prärieindianer waren Nomaden und lebten vor allem von der Bisonjagd. Sie wohnten in Zelten, den Tipis. Weiter im Süden lebten die Puebloindianer. Sie waren Bauern und wohnten in mehrstöckigen Lehmhäusern. Die Indianer kannten keine Pferde. Erst die Europäer brachten Pferde mit nach Amerika. Mit den Europäern kamen auch Unterdrückung und Tod. Sie eroberten den ganzen Kontinent mit Waffengewalt und rotteten die Indianer fast vollständig aus. In Mittelamerika hatten die Maya und die Azteken bedeutende Kulturen entwickelt. Die Maya errichteten große Paläste, Tempel und Pyramiden. Sie waren hervorragende Astronomen und Mathematiker und hatten eine eigene Schrift. Auch die Azteken bauten gewaltige Pyramiden. Sie herrschten über ein riesiges Reich und besaßen große Goldschätze. In ihrer Hauptstadt Tenochtitlán lebten 300 000 Menschen. Als die Europäer kamen, machten sie Tenochtitlán dem Erdboden gleich und brachten fast alle Azteken um. Europäische Eroberer vernichteten auch in Südamerika aus Gier nach Gold ein ganzes Volk: die Inka. Ihr Reich erstreckte sich vom heutigen Ecuador bis nach Chile und Argentinien. Cusco, die ehemalige Hauptstadt der Inka, liegt im heutigen Peru. Die Inka-Ruinen sind bis heute erhalten.

Industrielle Revolution (S. 134/135) Vor ungefähr 300 Jahren begann mit der Dampfmaschine die industrielle Revolution und es dauerte nur wenige Jahrzehnte, bis ohne Dampf nichts mehr lief. Dampfmaschinen trieben in Fabriken Webstühle, in der Landwirtschaft Erntemaschinen und auf den Meeren Schiffe an. Die Menschen mussten sich völlig umstellen. In der Landwirtschaft gab es nicht mehr genügend Arbeit. Dinge, die bislang in Handarbeit entstanden, konnten jetzt viel schneller und billiger in den Fabriken hergestellt werden. So verloren viele Handwerker und Bauern ihre Existenzgrundlage. Sie zogen in die Städte, um in den neuen Fabriken zu arbeiten. Immer neue Erfindungen sorgten für einen ständigen Wandel. Die erste Lokomotive zum Beispiel, die „Dampfmaschine auf Rädern", brauchte Schienen. Sie wurden aus Stahl hergestellt und ein Schienennetz entstand. Es wurden Eisenbahnbrücken gebaut, für die man wieder neue Techniken brauchte. Die Arbeiter erhielten nur einen sehr niedrigen Lohn. Deshalb mussten auch Frauen und Kinder in den Fabriken arbeiten, um den Lebensunterhalt der Familien zu sichern. Wenn die Fabriken zu wenig Arbeit hatten, wurden die Arbeiter entlassen und mussten hungern. Viele Millionen Menschen versanken im sozialen Elend. Es entstanden Bewegungen wie die Gewerkschaften, die für mehr Gerechtigkeit, Gleichheit und soziale Verantwortung eintraten.

Insekten (S. 170/171) bilden die größte Klasse im Reich der Tiere. Es gibt mehr als eine Million unterschiedlicher Arten. Das sind viel mehr als alle Säugetiere, Reptilien, Vögel und Fische zusammen. Zu den Insekten gehören zum Beispiel Schmetterlinge, Käfer, Fliegen, Ameisen, Bienen und Libellen. Alle diese Insekten haben einen ähnlichen Körperbau mit Kopf, Brust und Hinterleib. Insekten haben sechs Beine. Sie können flügellos sein wie die Flöhe, zwei Flügel haben wie die Fliegen oder vier wie die Libellen. Sie haben sehr hoch entwickelte Sinnesorgane. Sie riechen und tasten mit Fühlern, die man auch Antennen nennt. Die Augen der Insekten sind aus vielen Einzelaugen zusammengesetzt, die zusammen eine Linse bilden, mit denen sie Bewegungen besonders gut wahrnehmen können. Die größten Augen hat mit 40 000 Einzelaugen die Libelle. Die meisten Insekten verändern sich im Laufe ihres Lebens mehrere Male. Aus dem Ei eines Marienkäfers zum Beispiel schlüpft eine Larve, die sich verpuppt und erst in der Puppe zu einem Käfer heranwächst. Heuschrecken schlüpfen als flügellose Nymphen. Mit dem Wachsen häuten sie sich und bekommen später ihre Flügel. Ameisen, Bienen, Wespen und Termiten leben in großen Gemeinschaften zusammen. Sie bilden Staaten und errichten zum Teil riesige Bauten. Ein Termitenhügel zum Beispiel kann 7 Meter hoch werden.

Jahreszeiten und Klima (S. 102/103) Die Erde umläuft die Sonne in einem Jahr. Da die Achse zwischen Nord- und Südpol geneigt auf dieser Umlaufbahn steht, ist einmal die Südhalbkugel und einmal die Nordhalbkugel näher an der Sonne. Deshalb gibt es Jahreszeiten. Während die Nordhalbkugel im Sommer der Sonne zugewandt ist und die Sonnenstrahlen dann bei uns fast senkrecht auftreffen, ist die Südhalbkugel von der Sonne abgewandt. Dann ist dort Winter, weil die Sonnenstrahlen sehr flach auftreffen. Auf diese Weise regelt sich auch das **Klima** der Erde. In der Nähe des Äquators steht die Sonne das ganze Jahr über sehr hoch. Deshalb ist das Klima dort gleichmäßig und sehr warm. In Mitteleuropa steht die Sonne im Sommer hoch, im Winter sehr tief und im Frühling und Herbst mittelhoch. Dadurch entsteht ein gemäßigtes Klima. An den beiden Polen dagegen fallen die Sonnenstrahlen in Frühling, Sommer und Herbst sehr flach ein und das Klima ist sehr kühl. Das Klima der Erde war nicht immer so wie heute. Eine Abkühlung der Lufttemperatur auf der Erde um 3 bis 5 Grad Celsius reichte bereits, um vor 20 000 Jahren eine Kaltzeit (Eiszeit) auszulösen. Diese wenigen Grade erscheinen uns nicht viel und dennoch können sie das Weltklima entscheidend beeinflussen. Würde die durchschnittliche Temperatur etwa um 6 Grad Celsius gegenüber heute ansteigen, könnte das zur Eis- und Gletscherschmelze an den Polen und in den Gebirgen führen. Der Meeresspiegel würde ansteigen und viele Küstengebiete könnten überschwemmt werden. Klimaforscher beobachten schon seit einer Weile einen allmählichen Anstieg der Durchschnittstemperatur. Man vermutet, dass wir Menschen durch das Verbrennen von Holz, Kohle, Erdöl, und Erdgas daran Schuld tragen. Klimafreundlichere Methoden zur Energiegewinnung durch Wind, Wasser und Sonnenstrahlung sind daher besonders gefragt.

Kindergarten (S. 22/23) siehe Erziehung

Klima (S. 102/103) siehe Jahreszeiten und Klima

Kontinente (S. 82/83) Als die Erde vor etwa 4,6 Milliarden Jahren entstand, war der Planet noch ein glühend heißer Feuerball aus flüssiger Lava. Im Verlauf von Millionen von Jahren kühlte die Erde langsam ab und es bildete sich eine feste Kruste. Diese Kruste ist von Rissen durchzogen und dadurch in einzelne große Erdkrustenplatten aufgeteilt. Die Platten schwimmen auf zähflüssigem Gestein und sind in langsamer Bewegung. Einst gab es nur einen einzigen großen Kontinent, der auseinanderbrach. Danach wanderten die Erdkrustenplatten weit auseinander. Erste Hinweise darauf erhielten Geologen, als sie in Südamerika die gleichen Versteinerungen von Dinosauriern fanden wie in Afrika. Also mussten Südamerika und Afrika einst zusammen eine Landmasse gebildet haben. Auch die sehr ähnlich geformten Küstenlinien beider Kontinente lassen diesen Schluss zu. Schiebt man auf der Weltkarte die beiden Erdteile zusammen, passen sie mit ihren Rändern gut zusammen. Durch Plattenbewegungen sind auch unsere Alpen entstanden. Sie wurden durch den Druck der Afrikanischen

auf die Europäische Platte vor Millionen von Jahren aufgefaltet. Die Erdplatten sind auch heute noch in Bewegung. Brüche und Verschiebungen der Erdkruste sind die Ursache von Erdbeben und Vulkanen.

Körper (S. 18/19) Der menschliche Körper besteht aus vielen Milliarden Zellen. Sie alle haben unterschiedliche Aufgaben. Es gibt zum Beispiel Muskelzellen, Nervenzellen oder Hautzellen. Zellen mit ähnlichen Aufgaben bilden ein Gewebe und dieses Gewebe bildet bestimmte Organe wie das Herz oder die Lunge. Die einzelnen Organe gehören zu Organsystemen. So ein Organsystem ist zum Beispiel das Kreislaufsystem. Es besteht aus dem Herz, dem Blut und den Blutgefäßen. Die Organsysteme sorgen dafür, dass unser Körper funktioniert, gute Leistungen hervorbringt und gesund bleibt. Getragen wird der Körper vom Skelett. 650 Muskeln im Muskelsystem sorgen dafür, dass wir die Knochen bewegen können.

Die Haut hüllt uns ein und schützt uns vor Hitze, Kälte und Austrocknung. Unser Verdauungssystem nimmt die Nahrung auf und zerlegt sie in die Grundbestandteile, die unsere Zellen brauchen. Das Atmungssystem bringt neuen Sauerstoff in den Körper und gibt Kohlendioxid wieder ab. Das Nervensystem übermittelt in Bruchteilen von Sekunden Nachrichten vom und an das Gehirn. Jeder Mensch entsteht aus nur zwei Zellen, der weiblichen Eizelle und dem männlichen Spermium. In diesen Zellen ist das Erbgut gespeichert. Deshalb haben alle Menschen ähnliche Merkmale. Aber kein Mensch stimmt mit einem anderen Menschen völlig überein. Jeder Mensch ist einzigartig.

Kraftwagen (S. 62/63) nennt man auch Autos oder Automobile. Kraftwagen sind Autos, mit denen Personen fahren können (Personenkraftwagen oder PKWs), Omnibusse, Lastkraftwagen (LKWs) und Spezialfahrzeuge. Sie haben einen eigenen Antrieb (Motor) und brauchen im Gegensatz zu Lokomotiven und Straßenbahnen keine Schienen. Mit der Erfindung des Autos hat sich das Leben der Menschen grundlegend verändert. Die ersten Autos waren noch sehr teuer. Aber 1913 führte Henry Ford in seiner Automobilfabrik das Fließband ein. Durch die serienmäßige Fertigung wurden die Autos billiger und immer mehr Menschen konnten sich ein Auto leisten. Es wurden Straßen und Autobahnen gebaut. Dadurch veränderten sich die Landschaften und Städte. Heute gibt es mehrere Hundertmillionen Autos und es werden immer mehr. Das Autofahren gehört zum täglichen Leben und ermöglicht es uns, in kurzer Zeit von einem Ort zum anderen zu gelangen. Doch Autos belasten die Umwelt in hohem Maße, auch wenn die Autohersteller versuchen, immer sparsamere und umweltschonendere Modelle auf den Markt zu bringen. Man sollte sein Auto deshalb nur verwenden, wenn es wirklich notwendig ist, und lieber öffentliche Verkehrsmittel benutzen.

Kraftwerke (S. 42/43) siehe Energie

Kräuter (S. 148/149) siehe Heilpflanzen, Kräuter und Gewürze

Landschaftsformen (S. 96/97) Auf unserer Erde gibt es die unterschiedlichsten Landschaftsformen. Es gibt Ebenen, Hügel, Berge und Täler. Berge treten in verschiedenen Ausformungen auf. Vulkanberge haben oft eine kegelförmige Gestalt. Kettengebirge wie die Alpen in Europa, die Rocky Mountains in Nordamerika, die Anden in Südamerika und der Himalaja in Asien können viele Tausend Kilometer lang und bis zu 8 Kilometer hoch sein. Sie sind durch schroffe Felsen und tief eingeschnittene Täler und Schluchten gekennzeichnet. Wälder sind Ansammlungen von großen Baumbeständen. Vor einigen Tausend Jahren noch überzog eine geschlossene Walddecke ganz Deutschland. Nach und nach wurden die Bäume gerodet, um Ackerflächen zu gewinnen. Heute stehen viele Wälder unter Schutz. Eine besondere Waldform ist der tropische Regenwald in der Umgebung des Äquators. Steppen und Savannen sind große Graslandschaften. Während die Steppen zum gemäßigten Klima gehören und großteils Ackerland sind, liegen die Savannen in den Tropen. Hier leben viele große Wildtiere wie Löwen, Elefanten, Zebras, Büffel, Antilopen und Giraffen. Wüsten sind wasserarme Gebiete, in denen nur wenige Pflanzen und Tiere überleben können. Es gibt Hitzewüsten wie die Sahara und die Kältewüsten der Polargebiete. Hitzewüsten bestehen aus Sand- und Felsgebieten, Kältewüsten aus Eis und Schnee.

Landwirtschaft (S. 150/151) Vor gut 10 000 Jahren, nach dem Ende der letzten Kaltzeit (Eiszeit), gaben die Menschen ihr Leben als Jäger und Sammler auf. Sie wurden sesshaft und begannen, Getreide anzubauen. Sie zähmten wilde Mufflons, Auerochsen und Wildschweine und züchteten mit diesen Tieren Schafe, Rinder und Schweine. Das wichtigste Gerät für die Feldarbeit war zunächst ein Grabstock aus Holz. Aber die Menschen entwickelten immer bessere Methoden und Werkzeuge. In der Bronze- und Eisenzeit wurde es möglich, stabilere Geräte aus Metall zu bauen. Die Menschen setzten jetzt schwere Pflüge ein, die von Ochsen gezogen wurden. Über viele Jahrhunderte änderte sich in Europa kaum etwas in der Landwirtschaft. Dann aber führte die industrielle Revolution zu großen Veränderungen. Mit landwirtschaftlichen Maschinen wurden

Arbeitskräfte eingespart. Verbesserte Düngemethoden und Schädlingsbekämpfungsmittel führten zu höheren Ernteerträgen. Auch in der Viehzucht wurde durch den Einsatz neuer wissenschaftlicher Methoden immer mehr produziert. Aber es hat sich gezeigt, dass eine intensivere Landwirtschaft auch zu großen Nachteilen für Menschen, Tiere und Umwelt führen kann. Immer mehr Landwirte versuchen deshalb, umweltschonend zu arbeiten, die Tiere artgerecht zu halten und weniger Dünge- und Insektenvernichtungsmittel einzusetzen.

Lastwagen (S. 62/63) siehe Kraftwagen

Lokomotive (S. 64/65) siehe Eisenbahn

Maßeinheiten (S. 50/51) sind Einheiten, mit denen man zum Beispiel Entfernungen, Gewicht, Temperatur oder die Zeit messen und vergleichen kann. Zunächst hatten die verschiedenen Länder der Welt unterschiedliche Einheiten. Bei der Angabe von Längen zum Beispiel verwendete man lange Zeit Abmessungen von Körperteilen. Man sprach von einem Fuß, das sind zwei Schritte, einer Handbreite oder der Elle. Das war praktisch, aber sehr ungenau, weil die Menschen unterschiedlich groß sind. Heute haben sich fast alle Länder darauf geeinigt, als grundlegende Einheit für Gewichte das Gramm zu wählen, bei Längen den Meter und bei der Zeit die Sekunde. Wenn man große Gewichte angeben soll, ist es unpraktisch, sie in Gramm anzugeben. Dann spricht man von Kilogramm, dem Tausendfachen eines Gramms, oder von einer Tonne. Eine Tonne sind 1000 Kilogramm. Kleine Mengen gibt man in Milligramm an. Das ist ein Tausendstel Gramm. Bei Längenangaben ist es ähnlich. Der Millimeter ist ein Tausendstel Meter und der Kilometer entspricht 1000 Metern. Maßeinheiten gibt es auch für viele andere Messbereiche. Die Stärke des Stroms wird in Ampere gemessen, Leistung in Watt, Arbeit und Energie in Joule, die Temperatur in Celsius, Fahrenheit oder Kelvin.

Medien und Computer (S. 54/55) Als Medien bezeichnet man Systeme, die Informationen aller Art vermitteln. Die Medien haben einen immer größeren Einfluss auf unser Leben. Noch nie konnten die Menschen so schnell und so umfassend über alles informiert werden wie heute. Als die Menschen noch in der Steinzeit lebten, tauschten sie Informationen nur über ihre Sprache aus. Sie konnten ihre Erlebnisse und Erfahrungen nur in Felsbildern festhalten und erzählten sie von Generation zu Generation weiter. Das wurde erst mit der Erfindung der Schrift anders. Durch schriftliche Aufzeichnungen haben wir heute Informationen über vergangene Kulturen und über das, was die Menschen damals dachten und taten. Lange Zeit war das Buch das wichtigste aller Medien. Später wurden die ersten Zeitungen gedruckt. Mit der Erfindung der Fotografie konnten zum ersten Mal Bilder von Gegenständen und Menschen gemacht werden. Mit dem Telefon konnte man über große Entfernungen miteinander sprechen. Schallplatten hielten zum ersten Mal Musik auf einem Speicher fest. Heute kommen über das Fernsehen mithilfe von Nachrichtensatelliten Fußballspiele vom anderen Ende der Welt live ins Wohnzimmer. Auch der **Computer** gehört zu den Medien. Er besteht aus der Hardware, das sind Festplatte, Bildschirm, Tastatur und Maus, Drucker, Scanner und Modems, sowie der Software, dem Betriebssystem und den Programmen. Man kann mit dem Computer Texte schreiben, Filme und Fotos anschauen, E-Mails schreiben und im Internet surfen. Über das Internet hat man Zugang zu Informationen aus der ganzen Welt. Und über Tablets und Smartphones geht das sogar von überall und unterwegs. Tablets sind tragbare, kleine Computer.

Meer (S. 98/99) siehe Flüsse und Meere

Mittelalter (S. 130/131) Der Zerfall des Römischen Reiches leitete in Europa das Mittelalter ein. Es dauerte fast 1000 Jahre und begann mit einer langen Zeit der Unruhen und Kriege. Im frühen Mittelalter strömten germanische Völker in das alte römische Herrschaftsgebiet. Man spricht heute von der Zeit der Völkerwanderung. Ganze Landstriche wurden verwüstet. Gleichzeitig wurde das Christentum in Europa immer stärker. Christliche Klöster entwickelten sich zu den wichtigsten Säulen der Kultur und Bildung. Die Menschen des Mittelalters lebten in einer streng gegliederten Gesellschaft, die aufgeteilt war in den Klerus (Geistlichkeit), den Adel und das einfache Volk. An der Spitze standen die Adligen und die hohen Geistlichen. Sie hatten die Macht über alle anderen Menschen, von denen die meisten in großer Armut als Leibeigene lebten. Das heißt, sie waren abhängig von ihrem Grundherren, mussten ihm hohe Abgaben leisten und durften zum Beispiel nur mit seiner Einwilligung heiraten. Die Adligen wohnten oft in einer wehrhaften Burg. Ihnen gehörten die Felder im Umland, auf denen die Leibeigenen für den Lebensunterhalt des Adligen und seiner Familie arbeiteten. Zwischen Adel und Leibeigenen gab es eine Bevölkerungsschicht aus freien Handwerkern, Kaufleuten und Gelehrten. Sie lebten in den Städten. Hier wurden die Märkte abgehalten und hier entstanden die bedeutendsten Bauwerke des Mittelalters: große Kirchen und Kathedralen. Der Bau einer Kathedrale dauerte oft mehrere Jahrzehnte und gab vielen Menschen Arbeit.

Musik (S. 34/45) ist eine Sprache, die jeder versteht.

Sie besteht aus Tönen, die als Schwingungen der Luft an unsere Ohren gelangen. Die erste „Musik", die Menschen gehört haben, waren Geräusche der Natur: der Donner beim Gewitter, das Rauschen der Blätter im Wind, das Tosen eines Wasserfalls oder das Zwitschern der Vögel. Von wirklicher Musik spricht man aber erst, wenn ein Musiker oder Komponist die Töne ordnet, ihnen eine Melodie, Harmonie und einen Rhythmus gibt. Melodie nennt man eine Folge von Tönen, die in sich abgeschlossen ist. So kann zum Beispiel ein Lied nach einer Melodie gesungen werden. Rhythmus entsteht durch eine Folge von kurzen und langen Tönen. Und mit Harmonie bezeichnet man den Zusammenklang mehrerer Töne. Sie werden gleichzeitig gespielt oder gesungen. Man weiß, dass schon die Steinzeitmenschen mit hölzernen Schlagstöcken und Flöten, die aus Knochen geschnitzt waren, musiziert haben. In Gräbern ägyptischer Pharaonen wurden 5000 Jahre alte Wandmalereien entdeckt, auf denen Flöten und Harfen dargestellt sind. Wie die Musik der alten Ägypter geklungen hat, weiß man allerdings nicht.

Nahverkehr (S. 68/69) Im Nahverkehr legt man kurze Strecken zurück, die man nicht zu Fuß bewältigen kann. Das kann der Weg zum Kindergarten oder zur Schule, zum Einkaufen, zum Arbeitsplatz oder zu Verwandten in einem Nachbarort sein. Bei großen Entfernungen spricht man von Fernverkehr auf Landstraßen, Autobahnen, Schienen, in der Luft oder auf dem Wasser. In ländlichen Gebieten ist der Nahverkehr oft ungenügend ausgebaut. Längst nicht alle Ortschaften sind an das Schienennetz angebunden. Die öffentlichen Busse fahren seltener und sind in der Regel teurer als in den Städten. Die Gemeinden sorgen aber auch in Dörfern dafür, dass Kinder mit den Schulbussen rechtzeitig zum Unterricht gebracht werden. Es ist bequem, Nahverkehrsstrecken mit dem Auto, dem Fahrrad oder dem Motorrad zurückzulegen. Umweltfreundlicher als Autos aber sind öffentliche Verkehrsmittel, weil mehrere Personen mit einem Fahrzeug befördert werden. Das können Busse sein, Straßenbahnen, die U-Bahn und die S-Bahn mit den Nahverkehrszügen. In Großstädten gibt es nicht nur ein dichtes Straßennetz, sondern auch ein Schienennetz für Straßenbahnen und die U-Bahn. Schilder an den Bussen und Zügen zeigen, welche Linien sie befahren. An den Haltestellen hängen Fahrpläne aus. Von den Hauptbahnhöfen gelangt man per S-Bahn schnell in viele andere Stadtteile und Vororte.

Neuseeland (S. 94/95) siehe Australien, Neuseeland, Ozeanien

Obst (S. 144–147) Wir bezeichnen als Obst alle Früchte von Bäumen und Sträuchern, die essbar sind. Vorläufer all der vielen unterschiedlichen Obstsorten, die wir heute kennen, waren Früchte wild wachsender Sträucher. Schon vor Jahrtausenden versuchten Menschen, durch Zucht und Veredelung immer bessere Obstsorten zu schaffen. In Mitteleuropa zählen Äpfel zu den ältesten Obstsorten. Es gibt mehrere Hundert verschiedene Apfelsorten und auch Birnen gibt es in unterschiedlichster Art. Doch nur wenige davon finden wir auch in unseren Supermärkten. Bestimmte Nüsse und Beeren gehören ebenfalls zum Obst. Nüsse sind Samen von Bäumen und Sträuchern, haben aber eine harte Schale. Deshalb fassen wir Haselnüsse, Mandeln und Walnüsse als Schalenobst zusammen und die Beeren als Beerenobst. Obstsorten aus den Mittelmeerländern und den tropischen Ländern werden Südfrüchte genannt. Die bei uns wachsenden Obstsorten unterscheiden wir nach der Reifezeit in Sommer-, Herbst- und Winterobst.

Österreich (S. 84/85) siehe Deutschland, Österreich, Schweiz

Ozeanien (S. 94/95) siehe Australien, Neuseeland, Ozeanien

Pilze (S. 160/161) bilden in der belebten Natur ein eigenes Reich. Pflanzen stellen aus Sonnenlicht und Wasser ihre Nahrung selbst her. Das können Pilze nicht. Sie zersetzen verrottete Baumstämme oder totes Laub und nutzen die Bestandteile als Nahrung. Der Stiel mit dem Pilzhut ist nur der Fruchtkörper des Pilzes. Der eigentliche Pilz lebt unterirdisch im Boden als ein weit verzweigtes, wurzelartiges Geflecht. Der Fruchtkörper dient der Fortpflanzung. Unter dem Hut befinden sich Lamellen oder Röhren. Dort werden Sporen gebildet. Ist ein Pilz reif, fallen die Sporen auf den Boden und bilden einen neuen Pilz. Es gibt mehr als 65 000 Pilzarten. Viele sind giftig oder ungenießbar. Manche dieser giftigen Pilze wie zum Beispiel den Fliegenpilz kann man leicht an der Farbe erkennen. Andere, wie der gefährliche Knollenblätterpilz, sehen eher harmlos aus. Es gibt aber auch viele Pilze wie Champignons, Pfifferlinge oder Steinpilze, die bekömmlich sind und sehr gut schmecken. Als Delikatesse gelten Trüffel. Die Fruchtkörper der Trüffel wachsen nicht über dem Boden, sondern in der Erde und sind schwer zu finden. Trüffelsammler setzen deshalb dressierte Hunde oder Trüffelschweine ein, die diese Pilze in der Erde aufspüren. Darum sind Trüffel sehr teuer und man bekommt sie nur sehr selten.

Polizei (S. 38/39) siehe Feuerwehr und Polizei

Rad (S. 58/59) Ein großer Stein lässt sich nur schwer ziehen. Wenn er aber rund ist und man ihn rollt, kann man ihn viel leichter bewegen. Das liegt am sogenannten Reibungswiderstand. Dieser Reibungswiderstand ist bei einer Kugel oder einem Rad sehr gering, weil es sich dreht und immer nur eine kleine Stelle des Rades den Boden berührt. Wahrscheinlich haben schon Steinzeitmenschen nach dem gleichen Prinzip schwere Gegenstände transportiert: Sie legten die Lasten auf Baumstämme, die sie vorwärtsrollten. Die ersten Räder waren flache Scheiben aus Stein und wurden einfach mit einem Keil an einem Karren befestigt, später an einer Achse, die sich mitdrehte, und dann an einer starren Achse. Scheibenräder waren schwer. Die Menschen fanden heraus, dass Räder mit Speichen genauso stabil und viel leichter waren. Später wurden um die Felgen Metallreifen gezogen, um die Räder stabiler zu machen. Für die Eisenbahn wurden Räder aus Eisen entwickelt, für Autos, Motor- und Fahrräder Räder aus Vollgummi, dann auch mit Luft gefüllte Gummireifen. Heute gibt es Räder für alle möglichen Fahrzeuge, kleine für Inlineskates und riesengroße für Spezialfahrzeuge. Räder werden nicht nur zum Transport eingesetzt, sondern auch zur Kraftübertragung. In einer Uhr zum Beispiel bewegen Zahnräder die Zeiger. Das kleinste Rad der Welt kann man mit bloßem Auge kaum sehen. Es ist ein Zahnrad, das für medizinische Geräte benutzt wird.

Raumfahrt (S. 78/79) Am 4. Oktober des Jahres 1957 begann das Zeitalter der Raumfahrt. Mit Sputnik 1 umkreiste zum ersten Mal ein künstlicher Satellit die Erde. Das war möglich geworden, weil Wissenschaftler eine Rakete gebaut hatten, die stark genug war, die Erdatmosphäre zu verlassen und in den Weltraum vorzustoßen. Nach dem erfolgreichen Flug von Sputnik 1 schritt die Eroberung des Weltraums schnell voran. Mit Sputnik 2 flog das erste Lebewesen ins All, die Hündin Laika. 1961 wurde mit Juri Gagarin der erste Mensch in den Weltraum geschossen und 1969 betrat Neil Armstrong als erster Mensch den Mond. 1971 wurde die erste Weltraumstation gebaut und ab 1981 das Spaceshuttle eingesetzt. Das ist ein Raumfahrzeug, mit dem man nach dem Flug ins All wieder auf die Erde zurückkehren kann. Inzwischen sind mehrere Hundert Menschen ins Weltall geflogen. Einige von ihnen arbeiten über längere Zeiträume hinweg in Weltraumstationen. Menschen müssen im Weltraum mit dem Problem der Schwerelosigkeit fertig werden. Im Weltall schwebt alles, weil die Anziehungskraft fehlt. Wenn sie sich außerhalb der Raumstation aufhalten, brauchen sie einen Raumanzug, der sie vor zu starker Sonneneinstrahlung und vor winzigen Meteoritenteilchen schützt. Heute hat die Raumfahrt einen großen Einfluss auf unser Leben. Wettersatelliten sammeln Daten, die eine Wettervorhersage möglich machen. Nachrichtensatelliten übertragen Hörfunk- und Fernsehsendungen sowie Telefongespräche in alle Teile der Welt. Und Navigationssatelliten helfen Schiffen, Flugzeugen und Autos bei der Positionsbestimmung.

Recycling (S. 46/47) siehe Umweltschutz

Rekorde (S. 106/107) Unter Rekorden versteht man die Bestleistung in einem sportlichen Wettbewerb. So werden zum Beispiel immer wieder neue Weltrekorde im Eisschnelllauf oder bei den Sprintern aufgestellt. Als Rekorde bezeichnet man aber auch Vergleiche zwischen vielen anderen Tätigkeiten und Dingen. Das kann der längste Fluss der Welt sein, das größte Hochhaus, die niedrigste jemals gemessene Temperatur oder der kleinste Mensch. Seit 1955 werden im Auftrag der irischen Brauerei Guinness besondere Rekorde und Leistungen im „Guinness-Buch der Rekorde" veröffentlicht. Es geht dabei um Leistungen, die besondere Fähigkeiten erfordern und sich durch ungewöhnliche Dimensionen in Menge, Größe und Geschwindigkeit auszeichnen. Seitdem versuchen immer wieder Menschen, mit verrückten Rekorden in diesem Buch erwähnt zu werden.

Religionen (S. 88/89) Die fünf großen Weltreligionen sind der Buddhismus, das Christentum, der Islam, der Hinduismus und das Judentum. Daneben gibt es viele Tausend kleinere religiöse Gruppen. Mit mehr als 4000 Jahren ist der Hinduismus die älteste der Weltreligionen. Seine Anhänger, die Hindus, verehren viele Götter und glauben an die Seelenwanderung: In einem ewigen Kreislauf wird die Seele eines Verstorbenen in einem anderen Lebewesen wiedergeboren. Die Buddhisten verehren Buddha. Er ist kein Gott, sondern ein Lehrmeister. Buddha wurde 563 v. Chr. in Nordindien geboren und war Hindu. Ursprünglich hieß er Siddhartha Gautama. Vom Hinduismus übernahm Buddha den Glauben an die Wiedergeburt. Er lehrte den „edlen achtteiligen Pfad", auf dem der Mensch den ewigen Kreislauf der Wiedergeburt durchbrechen und in eine Art ewiges Leben (Nirwana) einziehen kann. Das Judentum ist die erste Religion, die nur einen einzigen Gott verehrt. Er heißt Jahwe, ist Schöpfer der Erde und geht mit den Menschen einen Bund ein. Seine Gesetze sind in der Thora niedergeschrieben, das sind die fünf Bücher Mose aus dem Alten Testament. Der Begründer des Christentums, Jesus von Nazareth, war Jude. Die Christen glauben, dass Jesus Christus als Gottes Sohn auf die Erde gekommen ist und die Menschen durch seinen Opfertod am Kreuz erlöst hat. Zur Heiligen Schrift der Christen, der Bibel, gehören das Alte Testament und das Neue Testament, in dem das Leben und die Lehren Jesu aufgezeichnet sind. Der Islam ist die dritte große Weltreligion,

die nur einen einzigen Gott verehrt. Ihre Anhänger, die Muslime, glauben an Allah und sie verehren Mohammed als seinen Propheten. Mohammed hat vor etwa 1500 Jahren den Koran verfasst, das heilige Buch der Muslime.

Römer (S. 126/127) siehe Griechen und Römer

Säugetiere (S. 164–198) siehe Tiere

Schiffe und Boote (S. 70–73) Schon in der Steinzeit verwendeten die Menschen einfache Boote. Es waren Einbäume und Flöße. Die Ägypter bauten vor mehr als 5500 Jahren ihre ersten Boote aus Schilfrohr. 1000 Jahre später entwickelten sie Schiffe, die auf dem Meer fuhren und von mehr als 30 Ruderern angetrieben wurden. Die Phönizier betrieben mit ihren Schiffen im Mittelmeerraum Handel. Sie waren die Ersten, die sich durch die Meerenge von Gibraltar auf den Atlantik hinauswagten. Griechen und Römer bauten große Flotten, mit denen sie das Mittelmeer beherrschten. Die Drachenschiffe der Wikinger kamen bis nach Nordamerika. Alle diese Schiffe hatten zwar einfache Segel, aber sie wurden vor allem durch die menschliche Kraft der Ruderer bewegt. Erst im späteren Mittelalter lernten die Bootsbauer, die Segel so zu konstruieren, dass man auf Ruder verzichten konnte. Mit der Erfindung der Dampfmaschine ging die Zeit der Segelschifffahrt zu Ende. Immer leistungsfähigere Motoren kamen bei immer größeren Schiffen zum Einsatz. Im Jahre 1912 war die Titanic der größte Passagierdampfer und gleichzeitig das größte Schiff der Welt. Heutige Passagierschiffe werden als Kreuzfahrtschiffe eingesetzt, auf denen Menschen Urlaub machen. Die größten Schiffe sind die Öltanker. Sie fassen bis zu 500 000 Tonnen Öl. Während Passagiere bei großen Entfernungen lieber das Flugzeug benutzen, spielen Schiffe beim Transport von Rohstoffen, Maschinen und anderen Gütern immer noch eine große Rolle.

Schmetterlinge (S. 170/171) sind Insekten. Mit mehr als 150 000 bis jetzt entdeckten Arten bilden sie nach den Käfern (über 350 000 Arten) die größte Artenvielfalt im Tierreich. Schmetterlinge leben überall auf der Erde, in tropischen Regenwäldern ebenso wie im Hochgebirge und sogar in der Arktis. Schmetterlinge vermehren sich durch Eiablage. Aus dem Ei schlüpft eine Raupe. Raupen können nackt oder behaart sein. Manche Raupen sind sehr bunt oder tragen zur Tarnung die Farben ihrer Umgebung. Sie ernähren sich meistens von Blättern. Dabei wächst ihre Haut nicht mit. Deshalb müssen sich die Raupen mehrmals häuten. Nach der letzten Häutung verpuppen sie sich in einen sogenannten Kokon. Im Kokon macht das Tier seine letzte Verwandlung durch, bis es als geflügelter Schmetterling die Hülle aufbricht und sie verlässt. Die Nahrung der Schmetterlinge besteht hauptsächlich aus dem Nektar von Blüten und dem Saft verschiedener Früchte. Sie verfügen über außergewöhnliche Sinnesorgane. Mit den Fühlern können sie tasten, riechen und kleinste Erschütterungen wahrnehmen. An den Beinen sitzen Geschmacksorgane. Schmetterlinge schmecken deshalb sofort, ob die Pflanze, auf der sie gelandet sind, ihnen Nahrung bietet oder nicht.

Schule (S. 22/23) siehe Erziehung

Schweiz (S. 84/85) siehe Deutschland, Österreich, Schweiz

Seefahrer (S.132/133) Viele Seefahrer waren große Entdecker. Vor 5000 Jahren entdeckten und besiedelten die ersten Menschen die Inseln des Pazifischen Ozeans. Sie verwendeten dabei Auslegerboote mit Segeln und orientierten sich an den Sternen. Das nennt man navigieren. Sie waren die ersten Seefahrer und ihre Navigationskunst wurde bis in die heutige Zeit überliefert. Die ersten bedeutenden Seefahrer in Europa waren die Phönizier. Man weiß, dass sie aus dem Mittelmeer heraus zumindest bis nach Nordafrika gesegelt sind. Dabei hielten sie sich stets nah an der Küste. Auch Erik der Rote, ein Wikinger, fuhr auf seinen Entdeckungsfahrten von Küste zu Küste. Sein Sohn Leif Eriksson segelte vor 1000 Jahren von Grönland bis nach Nordamerika. Längere Entdeckungsfahrten konnten Seefahrer aber erst unternehmen, als es möglich wurde, stabilere und größere Schiffe zu bauen. Christoph Kolumbus segelte 1492 im Auftrag des spanischen Königshauses Richtung Westen, um einen Seeweg nach Indien zu finden, und entdeckte Amerika. Den richtigen Seeweg nach Indien um die Südspitze Afrikas herum fand gut fünf Jahre später der Portugiese Vasco da Gama. 1499 bis 1504 unternahm der Seefahrer und Wissenschaftler Amerigo Vespucci mehrere Forschungsreisen an die brasilianische Küste. Nach ihm wurde der Doppelkontinent Amerika benannt. Ferdinand Magellan stach 1519 zur ersten Weltumsegelung in See. Australien wurde um 1600 von holländischen Seefahrern entdeckt. Der Engländer James Cook unternahm in der Zeit von 1768 bis 1780 drei Weltumsegelungen. Er war der erste Seefahrer, der auf seinen Reisen Wissenschaftler mitnahm, die vor allem den Pazifik erforschten.

Skelett (S. 18/19) siehe Körper

Sonnensystem (S. 104/105) siehe Universum

Spinnen (S. 170/171) unterscheiden sich von Insekten durch die Anzahl ihrer Beine. Spinnen haben immer vier, Insekten nur drei Beinpaare. Spinnen haben keine Fühler wie die Insekten und auch keine Flügel. Aber sie können Flugfäden spinnen und sich mit diesen durch die Luft tragen lassen. Frisch geschlüpfte Spinnen haben bereits große Ähnlichkeit mit erwachsenen Spinnen. Aber sie häuten sich noch mehrere Male und werden dabei jedes Mal etwas größer. Die meisten der mehr als 30 000 Spinnenarten erzeugen mit einer Spinndrüse einen klebrigen Spinnfaden, der sehr reißfest ist. Viele Spinnen nutzen die Fäden zum Fang ihrer Beute. Die Kreuzspinne zum Beispiel knüpft mit ihren Beinen die Fäden zu einem radförmigen Netz zusammen. Dann wartet sie in der Mitte oder am Rand des Netzes, bis sich ein Opfer verfangen hat. Manche Spinnen haben andere Jagdmethoden entwickelt. Falltürspinnen leben in kleinen Bodengruben. Die Grube verschließen sie mit einer Klappe aus Spinnfäden. Ahnungslose Opfer werden blitzschnell gepackt und in die Grube gezogen. Lassospinnen werfen einen Spinnfaden mit einer klebrigen Spitze nach Motten aus, die sie vorher mit einem ganz bestimmten Duftstoff angelockt haben. Ihre Beutetiere töten die Spinnen mit einem Biss, wobei sie ihnen gleichzeitig Gift einspritzen. Anschließend saugen sie ihre Opfer aus. Für Menschen sind Spinnenbisse nicht gefährlich. Es gibt allerdings eine Ausnahme: Das Gift der Schwarzen Witwe, die am Körper rote Flecken hat, kann sogar tödlich sein.

Sport (S. 26/27) Die ersten Olympischen Spiele der Antike fanden im Jahr 776 v. Chr. in Griechenland statt. Doch man weiß, dass es Sport schon lange vorher gab. Die Chinesen spielten schon vor 5000 Jahren Fußball. Das Wort Sport ist ein englisches Wort. Es bedeutete ursprünglich so viel wie Spaß, Erholung oder Vergnügen. Im Sport gibt es einfache Regeln, die überall anerkannt werden. Dadurch ist es möglich, internationale Vergleichswettkämpfe auszutragen. Wir verstehen unter Sport alles, was wir unternehmen, um körperlich und auch geistig leistungsfähiger zu werden, gesund zu bleiben oder einfach nur Spaß zu haben. So gilt zum Beispiel auch das Schachspiel als eine wichtige Sportart. Die weltweit beliebtesten Sportarten sind Ballsportarten wie Basketball, Fußball, Volleyball, Handball, Rugby und American Football. Weitere Sportarten sind Leichtathletik, Turnen, Kampfsport, Wassersport, Pferdesport, Wintersport, Motorsport und die sogenannten Rückschlagspiele wie Tennis und Squash. Man kann Sport als Freizeitbeschäftigung ausüben oder als Profisportler bei nationalen und internationalen Wettkämpfen antreten. Viele Sportwettbewerbe werden im Fernsehen übertragen. Besonders beliebt sind Fußballübertragungen und die Formel 1.

Stadt (S. 8/9) Es gibt kleine Städte mit ein paar Tausend Einwohnern und Großstädte mit über 100 000 oder sogar mehreren Millionen Einwohnern. Allein in der japanischen Metropolregion Tokio-Yokohama leben über 36 Millionen Menschen. In Sao Paulo (Brasilien) und New York (USA) sind es mehr als 16 Millionen. Auch in Seoul (Südkorea), Mexiko-Stadt (Mexiko), Mumbai (Indien) und Shanghai (China) leben an die 15 Millionen Einwohner. Alle großen Städte haben einen Bahnhof, manche sogar mehrere. Flughäfen liegen meist außerhalb der Städte. Innerhalb der Städte ist das Verkehrssystem gut ausgebaut. Um schnell zur Schule, zum Arbeitsplatz zu kommen, benutzen die Menschen die U-Bahn, die Straßenbahn oder den Bus. Wer mit dem Auto fährt, hat oft Probleme, einen Parkplatz zu finden. Lebensmittel und andere Waren werden mit Güterzügen und LKWs in die Stadt gebracht. Die Müllabfuhr bringt jeden Tag riesige Abfallmengen zu Mülldeponien und Müllverbrennungsanlagen. Für die Müllabfuhr ist die Stadtverwaltung zuständig. Sie kümmert sich auch um Stadtparks, Grünanlagen, Schwimmbäder und vieles mehr. An der Spitze der Stadtverwaltung steht der Bürgermeister. Er wird von den Bürgern gewählt und entscheidet gemeinsam mit dem Stadtrat über die Geschicke der Stadt.

Steinzeit (S. 118/119) siehe Vorgeschichte

Straßen (S. 60/61) Viele Straßen entwickelten sich ursprünglich aus Handelsrouten. Auf der Bernsteinstraße brachten Händler Bernstein von der Ostsee bis in die Länder am Mittelmeer. Auf der Seidenstraße wurde Seide von China nach Europa transportiert. Die besten Straßen der Antike bauten die Römer. Sie legten ein ganzes Netz von gut befestigten Straßen an, das alle Städte des Römischen Reiches miteinander verband. Es war insgesamt etwa 100 000 Kilometer lang und vor allem für das schnelle Fortkommen der Soldaten, Kuriere und Händler gedacht. Anfang des 16. Jahrhunderts entwickelte sich in Europa das Postwesen. Für die Postkutschen, die über große Entfernungen hinweg Post, Kleingüter und Personen transportierten, wurden neue Straßen gebaut. Moderne Straßen entstanden aber erst mit der Erfindung des Automobils. Heute müssen Straßen ein gewaltiges Fahrzeugaufkommen bewältigen. Wenn eine neue Straße gebaut wird, ebnen zuerst Raupen den Boden ein. Darüber werden Schichten aus Schotter gelegt und festgewalzt. Die Fahrbahndecke besteht aus Beton oder Asphalt.

Straßenbahn (S. 68/69) siehe Nahverkehr

Straßenverkehr (S. 24/25) Der Straßenverkehr wird heute über ein sehr dichtes Straßennetz geführt. Autobahnen und Schnellstraßen verbinden die großen Städte miteinander. Von den großen Straßen führt ein weit verzweigtes Netz von Bundes- und Kreisstraßen in die Städte und Dörfer. Nebenstraßen verbinden abgelegene Häuser und Dörfer mit den größeren Straßen. Damit der Verkehr reibungslos und sicher fließen kann, müssen sich alle Verkehrsteilnehmer an Regeln halten. Diese Regeln legt die Straßenverkehrsordnung (abgekürzt StVO) fest, in der auch die Verkehrszeichen und ihre Bedeutung aufgeführt werden. Verkehrszeichen geben den Verkehrsteilnehmern an, wohin sie fahren müssen, zeigen Gefahrenstellen an und informieren darüber, wer an Einmündungen und Kreuzungen Vorfahrt hat. Die Einhaltung der Verkehrsregeln wird von der Verkehrspolizei überwacht. Wer ein Auto, ein Motorrad oder ein Moped fahren will, muss in der Fahrschule einen Führerschein machen. Dort lernt man die Regeln der Straßenverkehrsordnung und hat praktischen Fahrunterricht. Am Ende der Ausbildung macht man eine Prüfung. Es gibt heute so viele Autos, dass es jeden Tag zu Verkehrsstaus kommt. Staus meldet der Verkehrsfunk. Immer mehr Autos sind mit einem kleinen Navigationssystem ausgerüstet. Der Fahrer gibt das Ziel seiner Fahrt ein. Auf dem Bildschirm sieht er eine Karte. Das Gerät meldet ihm, wann er abbiegen muss oder wie er einen Stau umfahren kann.

Südfrüchte (S. 156/157) nennen wir das Obst, das vom Mittelmeer, aus Afrika und den tropischen Gebieten Amerikas und Asiens zu uns kommt. Südfrüchte werden mit dem Schiff oder Flugzeug transportiert. Zu den beliebtesten Südfrüchten gehört die Banane, die in den tropischen Ländern Westindiens, Mittel- und Südamerikas und auf den Kanarischen Inseln wächst. Bananen werden bei uns noch häufiger verzehrt als Äpfel. Sie wachsen an bis zu zehn Meter hohen Stauden. Die Früchte hängen nach unten, wollen aber zum Licht hin wachsen. Also biegen sie sich nach oben – und werden deshalb krumm. Bananen sind noch grün, wenn sie geerntet werden. Erst beim Transport oder später im Laden werden sie reif und gelb. Die Zitrone und die mit ihr verwandten Früchte wie Orange und Grapefruit nennen wir auch Zitrusfrüchte. Orangen wachsen an sechs bis zwölf Meter hohen Bäumen. Sie stammen ursprünglich aus China und Südostasien, wachsen heute aber auch in Italien, Spanien und Israel. Die süße Ananas hat ihre Heimat in Südamerika. Heute wird sie vor allem in tropischen Gebieten angebaut. Der Feigenbaum wächst in allen Ländern rund um das Mittelmeer.

T

arnung (S. 182/183) siehe Tiere

Theater und Film (S. 32/33) Schon die Griechen bauten

vor 2500 Jahren die ersten Theater. Die Bühne wurde am Fuß eines Berges angelegt. In einem Halbkreis um die Bühne stiegen die Reihen für das Publikum steil an. So konnten alle Zuschauer gut sehen und hören. Die Schauspieler waren Männer. Sie trugen Masken und spielten auch die Frauenrollen. Heute gibt es männliche und weibliche Schauspieler und Theater wird meist in überdachten Häusern gespielt, die mit vielen technischen Hilfsmitteln ausgestattet sind. Es gibt Vorhänge, die elektrisch auf- und zugezogen werden können, Scheinwerfer beleuchten die Bühne und das Bühnenbild kann zum Wechseln an Stahlseilen in den Schnürboden hinaufgezogen werden. Der Regisseur übt das Stück mit den Schauspielern ein. Kostümbildner entwerfen die Kleidung der Schauspieler und der Bühnenbildner gestaltet das Bühnenbild. Bühnenarbeiter sorgen für einen reibungslosen Umbau, wenn ein anderes Bühnenbild gebraucht wird. Beleuchter stellen die Scheinwerfer so ein, dass die Bühne gut ausgeleuchtet ist. Wenn die Proben beendet sind, findet die Premiere statt. Außer dem sogenannten Sprechtheater gibt es auch Opern-, Musical- und Ballettaufführungen. Kinder sehen am liebsten Marionetten- oder Kasperletheater. Dabei werden die Figuren von Puppenspielern bewegt, die man nicht sieht. Der **Film** konnte erst entstehen, als die Fotografie erfunden war. Wenn viele Fotos innerhalb von einer Sekunde aufgenommen und genauso schnell wieder abgespielt werden, kann das Auge keine Einzelbilder mehr erkennen. Es entsteht eine fließende Bewegung. Die ersten Filme waren schwarz-weiß und hatten noch keinen Ton. Es waren Stummfilme. Der Text wurde auf Tafeln eingeblendet und ein Klavierspieler im Kino begleitete den Film musikalisch. 1927 lief der erste abendfüllende Tonfilm. Nur zehn Jahre später hatte der Farbfilm mit Disneys „Schneewittchen und die sieben Zwerge" seinen endgültigen Durchbruch.

Tiere (S. 164–198) Die Welt der Tiere wird in zwei große Reiche aufgeteilt, und zwar in Wirbeltiere und wirbellose Tiere. Diese beiden Bereiche unterteilen sich weiter in Klassen, Ordnungen und Arten. Zu den wirbellosen Tieren gehören die Insekten, Schnecken, Stachelhäuter, Krebse, Schwämme, Spinnen, Würmer und viele andere oft sehr kleine Tiere. Manche sind so winzig, dass man sie nur unter dem Mikroskop sehen kann. Wirbellose Tiere haben kein inneres Skelett. Muscheln und Schnecken zum Beispiel werden von Schalen geschützt. Andere wie Käfer oder Krebse haben ein hartes Außenskelett. Wirbeltiere dagegen werden von einem inneren Skelett gestützt. Zu den Wirbeltieren zählen die Fische, Lurche, Reptilien, Vögel und die Säugetiere. Tiere, die ihren Lebensräumen am besten angepasst sind, haben größere Chancen sich zu behaupten als andere. Sich zu

behaupten heißt, Nahrung zu finden und sich fortzupflanzen. Was die Natur einmal als Vorteil für eine Tierart entwickelt hat, wird bei der Fortpflanzung vererbt. Körpergröße zum Beispiel kann ein Vorteil sein, denn große Tiere haben weniger Feinde als kleinere Tiere. Auch die Färbung des Fells kann Tieren helfen, sich zu behaupten und zu überleben. Ein Feldhase zum Beispiel ist mit seinem graubraunen Fell gut an die Farbe seiner Umgebung angepasst. Man sagt, dass er getarnt ist. Tiere haben sehr unterschiedliche Wohnungen. Sie dienen meist zur Aufzucht der Jungen wie das Nest der Vögel oder die Höhle des Fuchses. Sie werden aber auch zum Schlafen und zum Schutz vor Feinden benutzt, wie zum Beispiel der Kaninchenbau. **Säugetiere** sind die höchstentwickelte Klasse der Wirbeltiere. Weltweit gibt es mehr als 5000 verschiedene Arten. Zu ihnen gehören die kleine Spitzmaus, die nur knapp 3 Gramm wiegt, und der große Blauwal mit einem Gewicht von über 100 Tonnen. Fast alle Säugetiere gebären lebende Junge, die vom Muttertier mit Milch gesäugt werden. Säugetiere atmen durch Lungen, haben ausgeprägte Sinnesorgane und ein hoch entwickeltes Gehirn. Ihre Körpertemperatur bleibt immer gleich – unabhängig davon, wie kalt oder warm die Umgebung ist. Auch der Mensch gehört zu den Säugetieren.

Tierschutz (S. 198/199) Jeder, der ein Tier hält, muss sich um das Tier kümmern und ihm all das bieten, was es braucht. Deshalb gibt es in vielen Ländern ein Tierschutzgesetz. Nach diesem Gesetz dürfen Tiere nicht gequält und schon gar nicht ohne triftigen Grund getötet werden. Außerdem müssen sie artgerecht gehalten werden. Das bedeutet, dass sie genügend Platz haben müssen, dass ihr Stall oder Käfig sauber sein muss und dass sie gesund ernährt werden. Das gilt für Landwirte, Viehzüchter und Eierproduzenten, vor allem aber auch für Forscher, die mit Tieren Versuche durchführen. Tierschutzorganisationen setzen sich für die Tiere ein. Wer von einem gequälten Tier hört, kann sich an den Tierschutzverein wenden. Das Tierschutzgesetz gilt aber auch für Haustiere. Wer einen Hund, eine Katze oder ein Meerschweinchen haben möchte, muss wissen, dass ein Haustier viel Zeit in Anspruch nimmt. Jeden Sommer liest man von Tieren, die ausgesetzt werden, weil die Besitzer sie nicht mit in den Urlaub nehmen können. Wer in die Ferien fährt, muss dafür sorgen, dass sich Freunde oder Nachbarn um das Haustier kümmern. Man kann sein Tier auch gegen Bezahlung in einer Tierpension unterbringen. Herrenlose Tiere werden im Tierheim aufgenommen.

Tierwohnungen (S. 182/183) siehe Tiere

U mweltschutz (S. 46/47) Noch vor etwa 40 Jahren haben sich die Menschen sehr wenig um Umweltschutz gekümmert. Das änderte sich erst, als immer mehr Bäume in unseren Wäldern erkrankten und zum Teil starben. Zuerst glaubte man an Baumschädlinge, die den Bäumen zusetzten. Nach weiteren Untersuchungen hielt man aber die zunehmende Umweltverschmutzung für die Ursache. Darum wurden zunächst die Kraftwerke und Industriebetriebe verpflichtet, ihre Abgase zu reinigen. Der nächste Schritt war die Ausstattung der Autos mit einem Katalysator, der die Abgase reinigt. Diese Maßnahmen trugen dazu bei, die Luft zu verbessern. Ein weiteres Umweltproblem ist der Abfall, den wir täglich produzieren. Früher landete der Müll einfach in Gruben oder auf Müllhalden. Regenwasser, das durch die Mülldeponie hindurchsickerte, spülte Giftstoffe in das Grundwasser. Heute wird Müll meistens in verwendbare und nicht mehr verwendbare Stoffe getrennt. Letztere kommen in die Müllverbrennungsanlage. Die Asche und der nicht brennbare Rest werden auf abgedichtete Deponien gebracht. So wird eine Vergiftung des Grundwassers weitgehend vermieden. Wieder verwendbare Stoffe wie Glas werden recycelt. Aus ihnen wird neues Glas hergestellt. Umweltschutz bezieht sich aber nicht nur auf Müll und Luftreinhaltung. Auch durch Lärm kann ein Umweltproblem entstehen. Wird heute eine Autobahn oder große Straße gebaut, muss sie teilweise mit einem Lärmschutzwall versehen werden, damit die in ihrer Nähe wohnenden Menschen vor dem Verkehrslärm geschützt werden. Und Flugzeuge werden heute immer mehr mit leisen Triebwerken ausgestattet.

Universum (S. 104/105) Unser Sonnensystem mit der Sonne und ihren Planeten ist ein Teil des riesigen Universums. Man nimmt an, dass vor etwa 14 Milliarden Jahren eine gewaltige Explosion stattfand, bei der alle Materie, die heute im Weltall vorkommt, gebildet worden ist. Es dauerte viele Millionen Jahre, bis aus winzigsten Materieteilchen allmählich Gas- und Staubwolken entstanden, die sich zusammenballten und zu Himmelskörpern wurden. Aus Millionen und Milliarden dieser Himmelskörper bildeten sich die Galaxien. Das sind Sternsysteme mit ungeheueren Ausmaßen. Die Heimatgalaxie des Planeten Erde, die Milchstraße, besteht aus ungefähr 100 Milliarden Sternen. Diese sind in Form einer sich drehenden flachen Scheibe angeordnet. Nach außen hin franst die Scheibe in einzelne Arme aus, sodass der Eindruck einer Spirale entsteht. Sie hat einen Durchmesser von ungefähr 100 000 und eine Dicke von bis zu 16 000 Lichtjahren. Ein Lichtjahr ist die

Strecke, die das Licht in einem Jahr zurücklegt. Das entspricht umgerechnet etwa 10 Billionen Kilometern. Das Universum hat unvorstellbare Ausmaße und bis heute kann niemand genau sagen, wie groß es ist. Allein von der Milchstraße bis zur nächsten Nachbargalaxie, dem Andromedanebel, sind es 2,7 Millionen Lichtjahre. Dazwischen liegt die absolute Leere des Weltraums.

V erkehrszeichen (S. 24/25) siehe Straßenverkehr

Vögel (S. 172–173) stammen von Reptilien ab. Das beweisen Fossilien des Archaeopteryx, der vor ungefähr 150 Millionen Jahren lebte. Der Archaeopteryx bildete den Übergang von den Reptilien zu den Vögeln. Er konnte nur schlecht fliegen, aber über längere Strecken gleiten. Heute sind mehr als 10 000 Vogelarten bekannt. Vögel haben sich an Lebensbedingungen auf der ganzen Erde angepasst. Besonders farbenprächtig sind die Vögel in den tropischen Regenwäldern, zum Beispiel die Papageien und Kolibris. Am Körperbau der Vögel und vor allem an ihren Schnäbeln kann man gut erkennen, wovon die Vögel leben. Greifvögel wie der Adler, der Habicht und der Bussard haben scharfe Krallen und können mit ihrem hakenförmigen Schnabel die Beute blitzschnell töten und Fleischstücke herausreißen. Flamingos stelzen mit langen Beinen durch seichte Gewässer und sieben mit ihrem großen gekrümmten Schnabel Algen und andere Kleinstlebewesen aus dem Wasser. Der Buchfink pickt mit seinem kurzen, kräftigen Schnabel Samen und Insekten auf. Mit seinem langen und dünnen Schnabel kommt der Kolibri auch bei tiefen Blüten an den Nektar heran und saugt ihn heraus. Da Vögel keine Zähne haben, können sie auch nicht kauen. Die Nahrung wird in ihrem kräftigen Muskelmagen zerkleinert.

Vorgeschichte (S. 118–121) ist eine Bezeichnung für die Zeit, in der Menschen auf der Erde lebten, aber noch keine Schrift kannten. Der Ursprung der Menschheit liegt in Ostafrika. Dort entwickelten sich wahrscheinlich schon vor fünf Millionen Jahren die ersten Menschen, die aufrecht gehen konnten. In den folgenden Millionen von Jahren entwickelten sich die Gliedmaßen und das Gehirn der Menschen weiter und sie lernten, Holz und vor allem Steine als Werkzeuge zu benutzen. Von Afrika aus besiedelten die Menschen die ganze Erde. Die Zeit der ersten modernen Menschen begann vor etwa 40 000 Jahren. In Europa lebten die Neandertaler und die sogenannten Cromagnonmenschen. Das waren Vertreter der Gruppe Homo sapiens. Während die Neandertaler

10 000 Jahre später ausstarben, wurden die Cromagnons zu unseren direkten Vorfahren. Die Menschen waren Jäger und Sammler. Sie lebten von wilden Beeren, Samen und Nüssen und zogen als Nomaden den Tierherden hinterher, denen sie Nahrung und Kleidung verdankten. Sie wohnten in einfachen Hütten oder in Zelten aus Tierfellen. Sie lernten, mit dem Feuer umzugehen, und wurden in der Herstellung ihrer Werkzeuge immer geschickter. Die Menschen bildeten große Familiengemeinschaften. Sie konnten bereits sprechen und somit auch ihre Fertigkeiten und Erfahrungen an andere weitergeben. Man sagt, sie lebten in der Steinzeit. Als sich nach der letzten Kaltzeit (Eiszeit) vor etwa 10 000 Jahren die Umweltbedingungen verbesserten, wurden die ersten Menschen sesshaft. Sie begannen, Getreide anzubauen und Vieh zu züchten. Sie stellten Keramiken her sowie Werkzeuge und Waffen aus Metall. Zuerst verwendeten sie Kupfer, dann Bronze, eine Mischung aus Kupfer und Zinn, und schließlich Eisen – daher bezeichnet man diese Epoche als Bronze- und Eisenzeit. Die Vorgeschichte endete vor ungefähr 5000 Jahren, als in den ersten Hochkulturen die Schrift entwickelt wurde. Von dieser Zeit an sind uns schriftliche Zeugnisse überliefert.

Vulkane (S. 100/101) siehe Erdbeben und Vulkane

Wald (S. 158/159) Ein Wald ist eine natürliche Lebensgemeinschaft aus dicht stehenden Bäumen und einer besonderen Tier- und Pflanzenwelt. Wälder gibt es in allen Teilen der Erde, außer in der Arktis und Antarktis. In den nördlichen Regionen und im Gebirge findet man vor allem Nadelwälder. Die nadelartigen Blätter von Kiefern, Tannen und Fichten sind hart und können Frosttemperaturen gut aushalten. In den heißen Tropen rund um den Äquator wachsen die Regenwälder. Ständiger Regen sorgt für eine hohe Luftfeuchtigkeit. Dieses Klima ist eine gute Voraussetzung für reichhaltige Nahrung der Tiere und macht die Regenwälder zu den artenreichsten Gebieten unserer Erde. Das Klima in Europa nennt man gemäßigt. Die Winter sind mild und die Sommer gemäßigt warm. Dieses Klima ist besonders gut für Laub- und Mischwälder geeignet. Mischwälder bestehen aus Laub- und Nadelbäumen. Ein Drittel der gesamten Landmasse der Erde ist von Wald bedeckt. Früher war der Anteil viel höher. Menschen haben die Wälder gerodet, um Platz für Äcker, Dörfer und Städte zu schaffen. Bäume wurden gefällt, um Häuser, Schiffe, Möbel, Werkzeuge und Festungsanlagen zu bauen und um Brennholz zu gewinnen. Heute verwendet man Holz für die Papierherstellung, für den Bau von Möbeln, als Baustoff und als Rohstofflieferant für viele weitere Produkte. Viele Wälder sind daher gefährdet. Man versucht dem heute entgegenzuwirken, indem man neue Bäume pflanzt, wo zuvor alte gefällt wurden. Das nennt man nachhaltige Forstwirtschaft.

Zirkus (S. 28/29) Im Zirkus treten Artisten und Tiere auf. Seiltänzer balancieren auf hohen Stahlseilen durch die Zirkuskuppel, Jongleure werfen mehrere Bälle gleichzeitig in die Luft und fangen sie geschickt wieder auf, Löwen und Tiger springen durch Feuerreifen und Clowns bringen mit ihren Späßen das Publikum zum Lachen. Ursprünglich, zur Zeit der Römer, war der Zirkus eine Arena für Pferde- und Wagenrennen. Jede größere Stadt hatte einen Zirkus. In Rom stand der größte je gebaute Zirkus der Welt: der Circus Maximus. 400 000 Zuschauer konnten hier beim Wagenrennen zuschauen. Der Zirkus, wie wir ihn heute kennen, entstand vor etwa 250 Jahren in einer Reitschule in England. Zunächst traten nur Kunstreiter auf, dann aber auch Seiltänzer und andere Akrobaten, Clowns und dressierte Tiere. In den folgenden Jahren wurden in Europa viele feste Zirkusgebäude errichtet. Aber der Zirkus geht auch auf Tournee. Die Vorführungen finden dann in einem großen Zelt statt. Die Zuschauer sitzen auf ansteigenden Sitzplätzen rund um die Manege. Wenn Raubtiere in der Manege auftreten, werden die Zuschauer durch ein hohes Gitter geschützt. Dressurnummern mit wilden Tieren gelten als sehr spektakulär. Aber Tierschützer sind der Meinung, dass die Tiere im Zirkus nicht artgerecht gehalten werden können. Deshalb verzichtet mancher Zirkus heute auf den Auftritt von Löwen, Bären oder Elefanten.

Zoo (S. 30/31) Der Zoo bietet vielen Menschen Gelegenheit, Tiere kennenzulernen, die sie normalerweise nie zu Gesicht bekommen würden. Zoo ist eine Abkürzung für zoologischer Garten. Schon vor mehr als 4000 Jahren wurden in China und vor 3500 Jahren in Ägypten Tiere in parkähnlichen Anlagen gehalten. Auch im Mittelalter richteten Könige und Fürsten an ihren Höfen sogenannte Menagerien ein. Dort wurden exotische Tiere gehalten. Beliebt waren prächtige Pfauen, Affen und Raubtiere wie Löwen und Panther. Bei diesen Tieren handelte es sich oft um Geschenke, die sich die Fürsten gegenseitig machten. Für alle Besucher geöffnet wurden die Zoos erst vor etwas mehr als 200 Jahren. In Wien ging aus der kaiserlichen Menagerie im Park von Schönbrunn der erste Zoo Europas hervor. Heute werden Zoos auch von Wissenschaftlern genutzt, um Tiere zu beobachten und zu erforschen. Zoologische Gärten kümmern sich nicht nur um die artgerechte Haltung der von ihnen betreuten Tiere, sie übernehmen auch eine ganz besondere Aufgabe: Viele vom Aussterben bedrohte Tierarten haben nur in Zoos eine Überlebenschance.

Zug (S. 64/65) siehe Eisenbahn

Abkürzungen

mm:	Millimeter
cm:	Zentimeter
m:	Meter
km:	Kilometer
km²:	Quadratkilometer
km/h:	Kilometer pro Stunde
g:	Gramm
kg:	Kilogramm
t:	Tonne
v. Chr.:	vor Christi Geburt
n. Chr.:	nach Christi Geburt
Jh.:	Jahrhundert
ICE:	Inter City Express

Ende